JN245204

小田急ロマンスカー物語

生方 良雄・諸河　久 共著

復刊ドットコム

はじめに

　東京の山の手の人々が箱根温泉に行く時は、新宿から小田急のロマンスカーに乗ることが定石のようになってしまっています。伊豆半島の熱海や伊東・下田に行くときも、ロマンスカーに乗って小田原でJRに乗り換える人が少なくありません。子供の絵本では、新幹線と並んで小田急ロマンスカーを欠かすことが出来ないと、編集者は言っています。鉄道趣味の雑誌も小田急ロマンスカー特集は売れ行きの心配のない数少ないものの一つだと言います。

　何故こんなに人気があるのでしょうか？

　ロマンスカーというとリゾートの華やかさ、楽しさを連想させますが、それだけではありません。

　ロマンスカーを始めたころは確かに会社もリゾート客——当時はリゾートなんて片仮名の言葉はありません。行楽客と言っていました——を対象に考えていました。しかし、現在では利用するのはリゾート客だけではありません。多種多様の人たちが乗車しています。

　新宿を朝の7時30分に発車する「さがみ3号」には、私も7年間ほど通勤のため乗車しましたが、厚木のソニーなどのハイテク産業の技術者や松田の第一生命の大井本社等に通うサラリーマンが多数乗車しています。ある時期には、商用や視察・研修の外国人グループも多く、車内に英語や中国語が飛び交っていたこともありました。通勤特急は上りだけではありません。朝の下りにも通勤特急があるのです。

　驚いたことには、学年末試験の行われる2月ごろともなると、新松田から制服姿の高校生が多数乗ってきます。新松田から小田原までは急行や各駅停車列車もたくさん出ているのですが、400円の特急料金を払って乗ってくるのです。今の高校生は優雅なものだな、と初めはびっくりしました。

　しかし、さすがに土・日曜日ともなると圧倒的にゴルフ客のグループの談笑が車内に広がり、少数の通勤客は小さくなっています。

　また、夕方17時から23時まで30分間隔で新宿駅から下り通勤特急が発車しています。あるサラリ

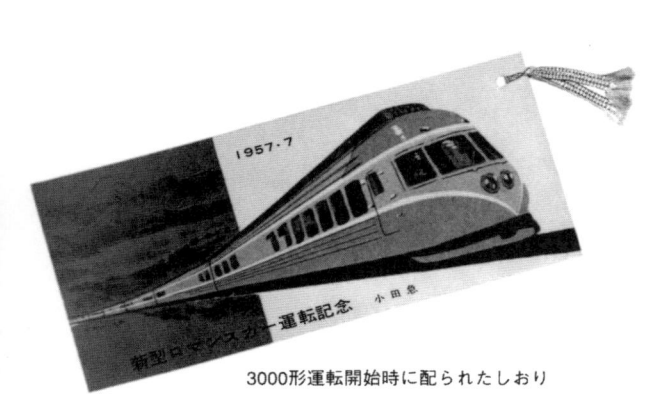

3000形運転開始時に配られたしおり

ーマンいわく「朝新宿駅を降りた時、帰りの通勤特急の指定券を自動発券機で買っておくのだ。そして会社を退社してちょっと一杯ひっかけるが、特急の時間があるからだらだらと飲みすぎることはないよ」と、確かに創設当初心配した酔っ払いにより車内を汚されることは皆無と言ってよいほどで、最近では明らかに会社で残業してそのまま乗車した感じのサラリーマンも多いそうです。

また、意外なのはこの時間に箱根湯本の温泉に行く職場旅行とみられる団体が乗っているのを、時々見掛けることです。会社やお店が終業してから懇親会を都内の料理屋でやっても、みんなの通勤距離が遠くなっているので、帰り時間が心配になります。それなら翌日が定休日ならいっそ箱根で懇親会をやれば、遅くなっても泊まるからいいし、翌朝は朝食後解散すれば、山の上の方を回りたい人、真直ぐ自宅へ帰りたい人の自由にまかせるということなのでしょうか。もっとも、バブルがはじけてからは懇親会そのものが減っているようですが‥‥。

ロマンスカーは「特急」という名称からくる戦前の「つばめ」「はと」といった改まった特別な列車という感じはなくなり、全く庶民の生活に溶け込んだ存在となっています。

しかし、やっぱり乗ってみたい車であることには間違いないようです。駅のホームで電車を待っているとき、ロマンスカーがさっと通過して行くとホームにいた女学生が「乗ってみたいわね」とつぶやきますし、あるいは踏切でロマンスカーの通過を待っていた子供が「ママ、今度ロマンスカーに乗せてね」とママの顔を仰ぎみながら、おねだりしたりします。

普段乗っている車と違う車に乗るということが「旅に出た」という感じを持つ第一歩でしょう。旅とは単なる移動ではありません、日常性からの解放であり、異なった世界に身を置くことであると思います。そのためには普段の４扉ロングシートの車では「旅」を感じません。できるだけ非日常的な車に乗りたいものです。庶民でも多少の料金を払うことによって乗車でき、ささやかな差別意識を感ずることに非日常性が求められているのではないでしょうか。決して座席が確保されているからとか、他の列車より早いからとか、停車駅が少ないからとかの理由だけでロマンスカーを選んでいるのではないと思います。

昔、左翼かぶれの人が「差別反対ー特急廃止ー全部各駅停車列車にしろ」と叫んで会社に乗り込んできたという話を聞きましたが、実利一辺倒の無機質の人と同様、人間性を無視した声を上げる心の貧しい人もいるものだ、と思いました。

戦後35年にわたる小田急のロマンスカーをはじめとし、ＪＲや各私鉄の特急が今日のように百花りょう乱咲き乱れている背景には、広く深い社会の人々の内因的欲求があるのでしょう。

それでは小田急ロマンスカーについて、お話を始めましょう。

●おことわり

最初にお断りしておきたいことが二三あります。一つは最近車両形式が異なっても同じ系列のものは○○系と呼ぶことが多いようです。しかし、小田急ロマンスカーは固定編成であり、形式はデハとサハでは明らかに分けている場合もありますが、代表的形式で呼んでもなんら問題はないようなので、本書では○○形に統一しました。なお略称であるＳＥとかＨｉＳＥとかも併記したり、単独で使用したりしています。

漢字は努めて常用漢字を使用しましたが、専門用語や当時の状況を伝えるためには、あえて常用漢字でない場合もあります。その反面、固有名詞、会社名などでも常用漢字で表記したものもあります。また、略称で表記したものもあります。途中で会社名や表記方法が変わっている場合もあるかと思いますが、誤記がありましたらお許し下さい。

文中の人名については一切敬称は略させていただきました。また亡くなられた方の「故」の表示もいたしておりません。

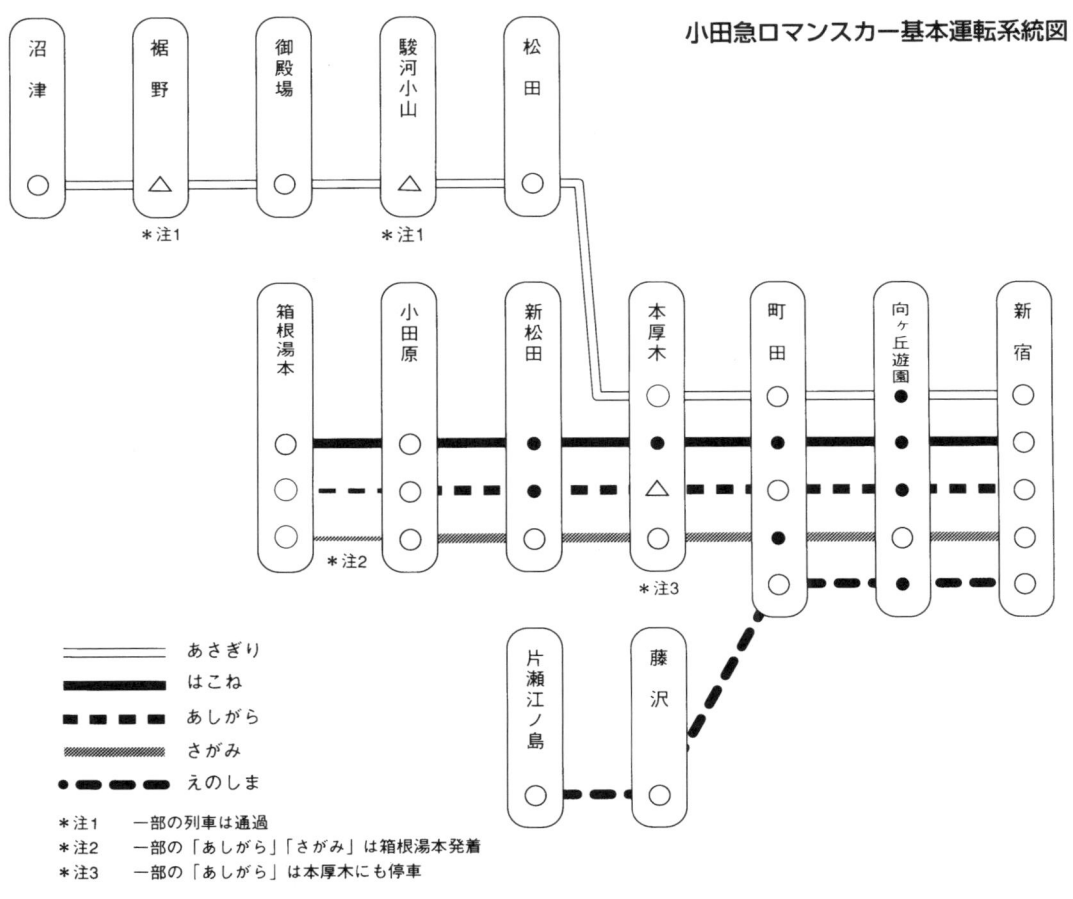

小田急ロマンスカー基本運転系統図

凡例:
- ＝＝＝＝＝＝ あさぎり
- ━━━━━ はこね
- ━ ━ ━ ━ あしがら
- ▨▨▨▨▨ さがみ
- ● ● ● ● えのしま

＊注1　一部の列車は通過
＊注2　一部の「あしがら」「さがみ」は箱根湯本発着
＊注3　一部の「あしがら」は本厚木にも停車

○：停車　△：一部停車　●：通過

復刊の辞

　本書は1994（平成6）年に保育社から刊行された「小田急ロマンスカー物語」を復刊したものである。

　小田急の語り部の第一人者である生方良雄さんと共著で、「カラーブックス　日本の私鉄⑤小田急」を保育社から上梓したのは1981（昭和56）年だった。この時は7000形LSEの登場時にあたり、カラーブックスの日本の私鉄シリーズでは「阪急」と並ぶベストセラーとなった。これがご縁で書き手の生方さんと撮り手の諸河のコンビが奏でる「小田急」が保育社の定番となっていった。

　1991（平成3）年に20000形RSEが登場。初代の3000形SEから数えると5世代のロマンスカーが、小田急線上を競演する華やかな時代を迎えていた。本書はこの時代の「小田急ロマンスカー」の現況とその歴史を明快な文脈と美しい写真、精緻な図面を駆使して表現した珠玉の一巻となった。

　上梓から24年、本書でご紹介した3000形SE、3100形NSE、10000形HiSE、20000形RSEは既に退役。この時代のロマンスカーで唯一残った7000形LSEも新ロマンスカー70000形の登場により、来春には退役が予定されている。

　復刊にあたって初版の記述、図面はそのまま踏襲し、諸河が撮影したカラーポジ作品は印刷所でカラーリマスター製版していただいた。カラーポジを反転して使用していたモノクロ作品は、自身でデジタルリマスターしたので、双方とも初版に比べ格段の出来栄えとなったことをご報告したい。

2017年盛夏

諸河 久

小田急ロマンスカー物語

■企画　　　　　　　　　飯島　巌・諸河　久フォトオフィス
■執筆　　　　　　　　　生方　良雄
■グラフページ撮影　　　諸河　久
■構成　　　　　　　　　飯島　巌・松本典久
■作図　　　　　　　　　レイルロード（高間恒雄）
■写真・資料・取材協力　小田急電鉄（株）
■写真提供　　　　　　　高田隆雄・高松吉太郎・滝川精一・（株）交友社・RGG
■編集・進行　　　　　　松本典久・小嶋出版工房
■写植・版下　　　　　　アートクリエーターズNOMA

小田急3000形　SE

●図は製造当初の姿を示す
●作図：高間恒雄　（1／80）

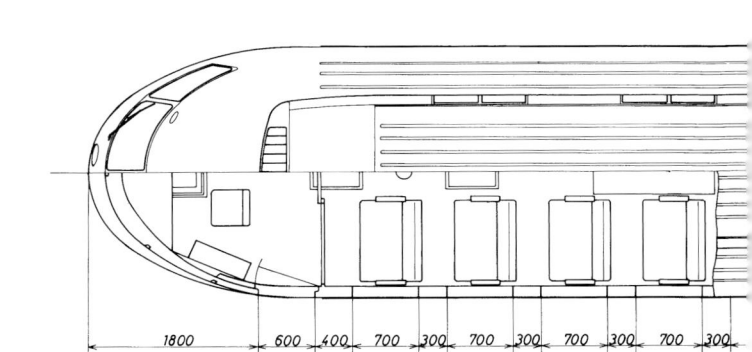

1800　600　400　700　300　700　300　700　300　700　300

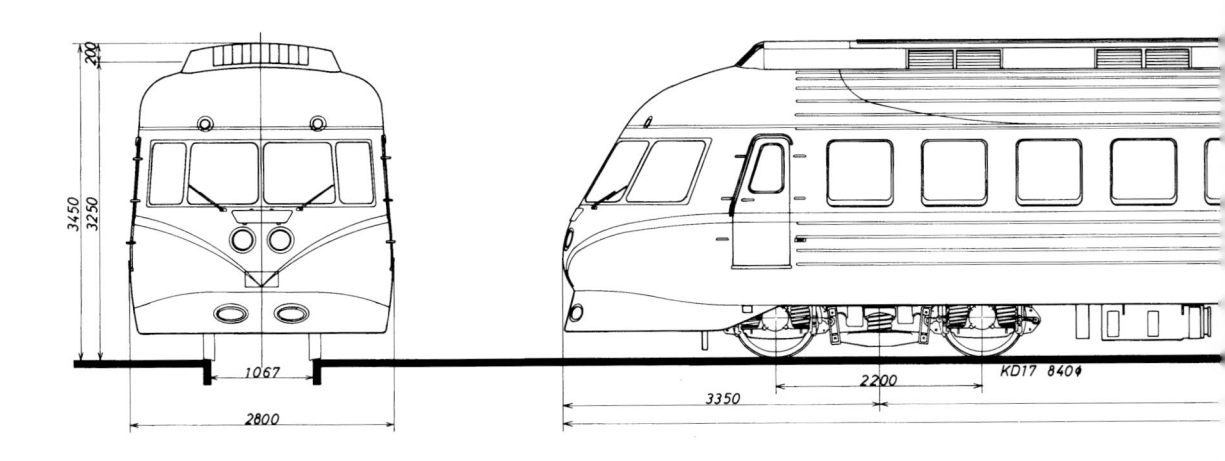

200

3450
3250

1067

2800

2200

3350

KD17 8404

小田急ロマンスカー勢揃い

20000形　RSE
10000形　HiSE
7000形　LSE
3100形　NSE
3000形　SSE

海老名検車区に並んだロマンスカー（1991.11.20）

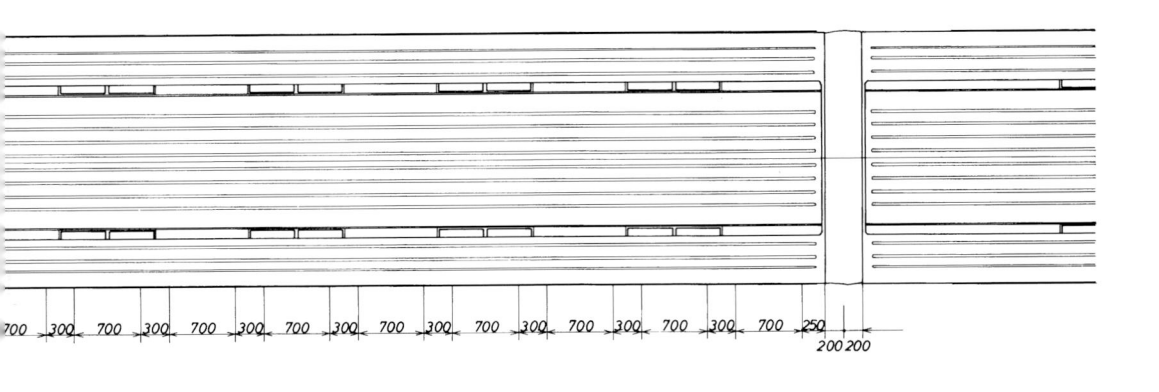

700 300 700 300 700 300 700 300 700 300 700 300 700 300 700 300 700 250
200 200

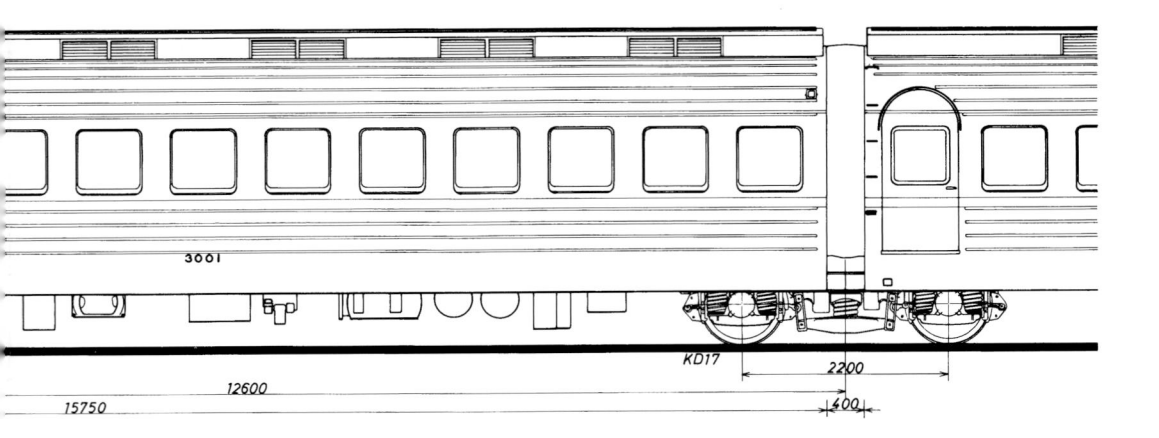

3001

KD17
2200
12600
15750
400

小田急3100形　NSE

●図は製造当初の姿を示す
●作図：高間恒雄（1／80）

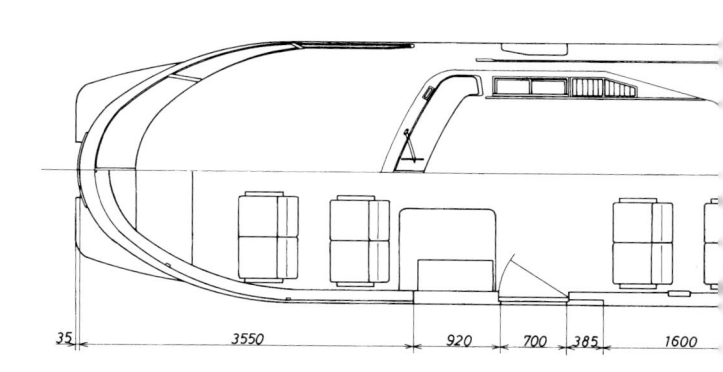

35　3550　920　700　385　1600

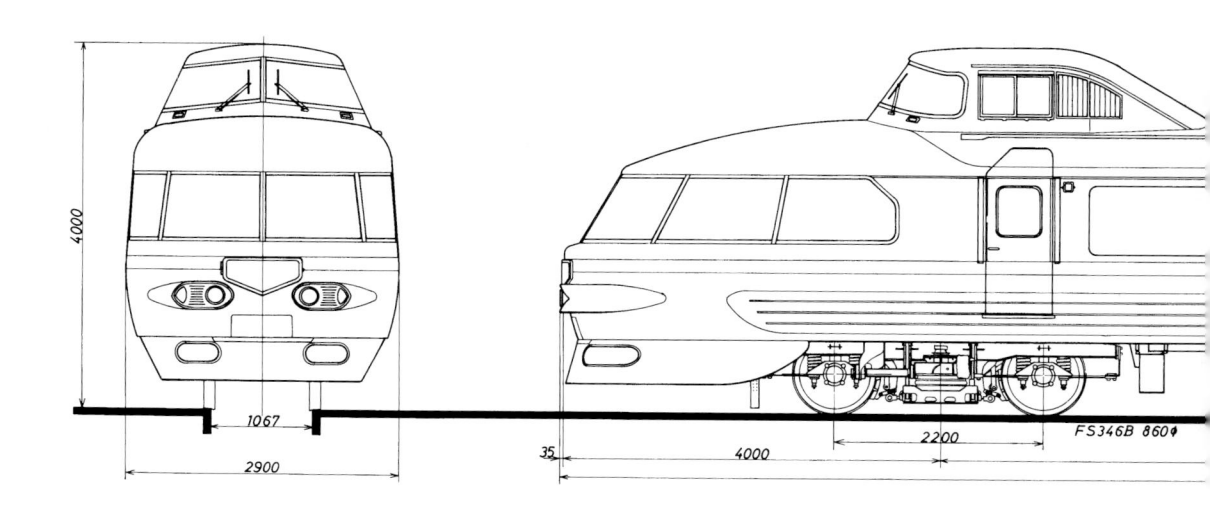

4000

1067

2900

35　4000　2200　FS346B 860φ

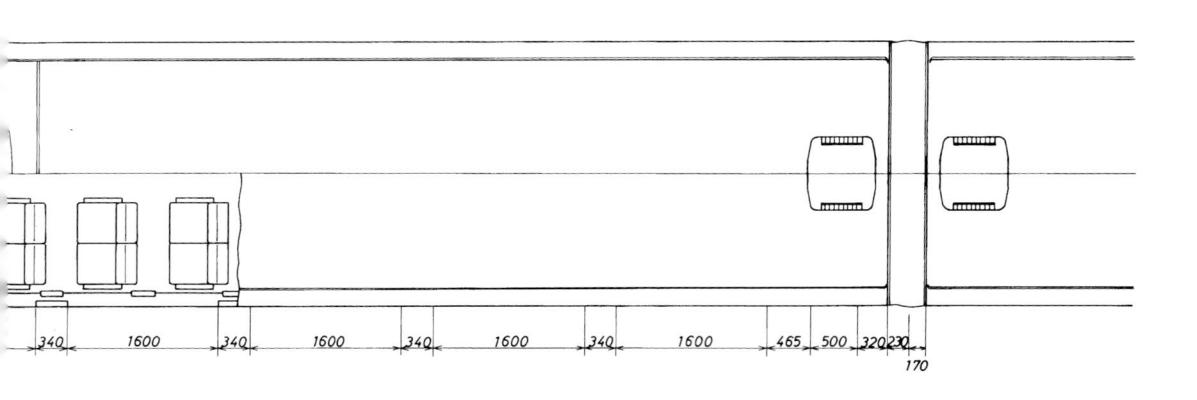

340	1600	340	1600	340	1600	340	1600	465	500	320	230

170

3101

FS46 760φ

2200

12430

16465

小田急の華
ロマンスカーの競演

小田急20000形 RSE

春爛漫、桜並木を行く「あさぎり」（1993.4.6 御殿場線　山北—谷峨間）

目が覚めるばかりの菜の花畑を行く（1993.4.2 御殿場線 足柄—御殿場間）

御殿場線に入ると車窓は一転、山深い景色が広がる（1993.11.16 御殿場線 御殿場—足柄間）▶

夕闇に浮かぶ霊峰富士を望みながら新宿をめざす（1991.8.25 御殿場線 御殿場—足柄間）

小田急10000形　HiSE

こぶし咲く，早春の山峡を行く（1992.4.6 新松田―渋沢間）

宅地化の進む沿線も、このあたりまで来れば一面の花畑（1988.4.10 東海大学前—秦野間）

一路、箱根をめざすハイデッカーHiSEの「はこね」（1992.4.6 渋沢—秦野間）

◀新都心、新宿をあとにするHiSE （1987.12.25.新宿—南新宿間）

小田急7000形　LSE

ＮＳＥのリニューアル版として登場したＬＳＥ（1984.9.3 柿生―新百合ヶ丘間）

小田原から先は箱根登山鉄道に乗り入れ。3線のレールがテールランプに浮き上がる（1990.6 箱根板橋駅）

小田急3100形　NSE

今は東海大学前と駅名が変更になった大根の築堤を行く。ちなみに大秦野も今は秦野になっている（1983.1.10 大根―秦野間）

登場以来30年以上走り続けたNSEは，更新工事を受けて今日も元気に活躍する（1993.4.6 渋沢—新松田間）

小田原線，江ノ島線，そして御殿場線
毎日100本以上の特急"ロマンスカー"が
走り抜けて行く
それぞれの時代の最先端技術を駆使した
特急"ロマンスカー"は
まさしく小田急の顔として
今日もみんなの夢を乗せて走り続けている

四季の移ろいを眺めながら、今日も走り続ける小田急のロマンスカー（1988.4.15 座間—相武台前間）

思い出の3000形／SSE
御殿場線を行く
連絡急行"あさぎり"の軌跡

1957年に登場したSE車。数々の記録とエピソードを生み出したこの名車も，晩年は5両編成のSSEに改造され，1日4往復の御殿場線直通の連絡急行として活躍していた。栄光の面影を「あさぎり」に追ってみよう。

足柄の森を抜けると，間もなく正面に大きく富士山が見えてくる。あと一息で御殿場である（1989.9.26 足柄—御殿場間）

狭い谷間を鉄道と川が縫うように走る（1989.6.7 谷峨—山北間）

◀新宿─御殿場のサボも今は懐かしい

SSEに改造されても名車の面影は色濃く残っていた。
格下げされず，最後まで晴れの舞台に立っていた3000形
は，ファンの心を引き付けずにはいない。

◀ 明るい運転台で，それまでの車に比べ視野が広く感じ
られたが，西日は暑かった（1989.9.25 山北—谷峨間）

カラー付きに改造された標識灯

上が絞られた乗務員扉

夏富士をバックに快走する「あさぎり」。ここは鉄道写真を撮る人には人気のポイント（1988.6.7 御殿場線 御殿場—足柄間）

緑の中にＳＳＥの赤が映え，遠くに富士山が顔を
覗かせている（1989.9.26 駿河小山—足柄間）

私のスライド アルバムから

生方 良雄

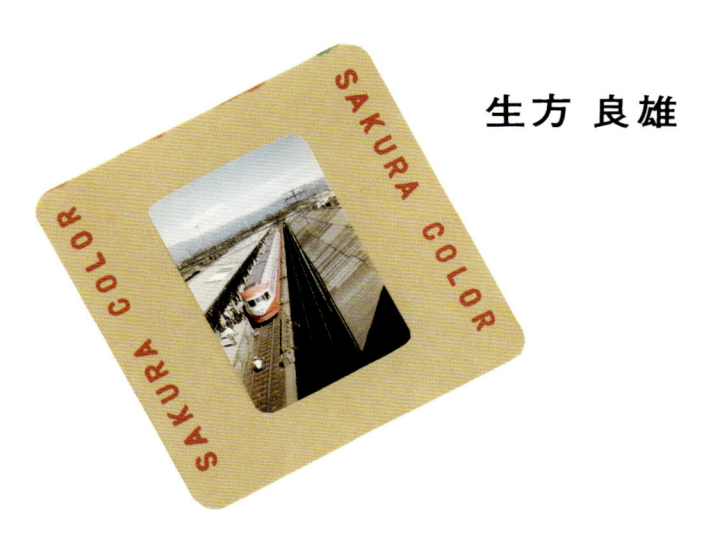

高速試験の終了後，沼津に到着したＳＥ車（1957.9.27）

モノクロフィルムすら貴重だった時代
100葉に余りあるポジフィルムで
名車たちの活躍が記録された
思い出の "ロマンスカー" たちが
今，ここに鮮やかに甦る

満開の桜の中を行く1700形上りロマンスカー。このあたりは絶好の撮影場所だったが、
最近は桜の勢いがなくなったようだ（1954〜55年ごろ。玉川学園前―鶴川間）

上り特別準急「銀嶺」キハ5000形単行。これを撮った千歳船橋もホームが延伸され、
付近の様子も都市化が進んでいる（1956年ごろ。千歳船橋―経堂間）

丹沢大山を背にして一路箱根へ、2300形特急ロマンスカー。四十八瀬川の流れも清く
釣りをする人もみられた。のどかな風景である（1958.2 渋沢—新松田間）

第三相澤川鉄橋にさしかかる上りキハ5001単行。相沢川ではなく鉄橋には相澤川と書
かれていた。懐かしい場所である（1956.11 御殿場線 谷峨—駿河小山間）

145km/hの最高速度を出して沼津に到着した直後の写真。電車の床下や
屋根上で試験員が点検を始めている（1957.9.27 東海道線 沼津駅）

検車区で到着検査を施行するＳＥ第一陣3001
の編成。日車から新宿経由で経堂に到着した
日の光景である（1957.5.21 経堂検車区）

製造中のＳＥ車の前頭部、塗装にはまだ白線が入っていない。
手前にちょっと見える台車は別の車のものである（1957.3 日本車輌蕨工場）

遠くに丹沢の山並みを望み山峡を行く上
り特急SE。夏場はまむしが出るので怖
くて登れないトンネルの上から撮影した
(1958.2 新松田―渋沢間)

8両編成のSE特急4008列車が"愛甲田んぼ"を疾走する。編成全長を写そうと
思ったら随分後退しなければならなかった (1957.9 愛甲石田―伊勢原間)

小田急ロマンスカーのプロフィール

小田原側は晩年の姿のまま、新宿側は登場時の姿に復元された3000形／SSE（1993.3.9 大野工場）

更新改造でヘッドマークまわりの印象が変わった3100形／ＮＳＥ（1994.2.16 海老名検車区）

NSEのイメージを残した7000形／LSE （1980.12.8 海老名検車区）

ハイデッカー構造を取り入れた10000形／ＨｉＳＥ（1994.2.25 海老名検車区）

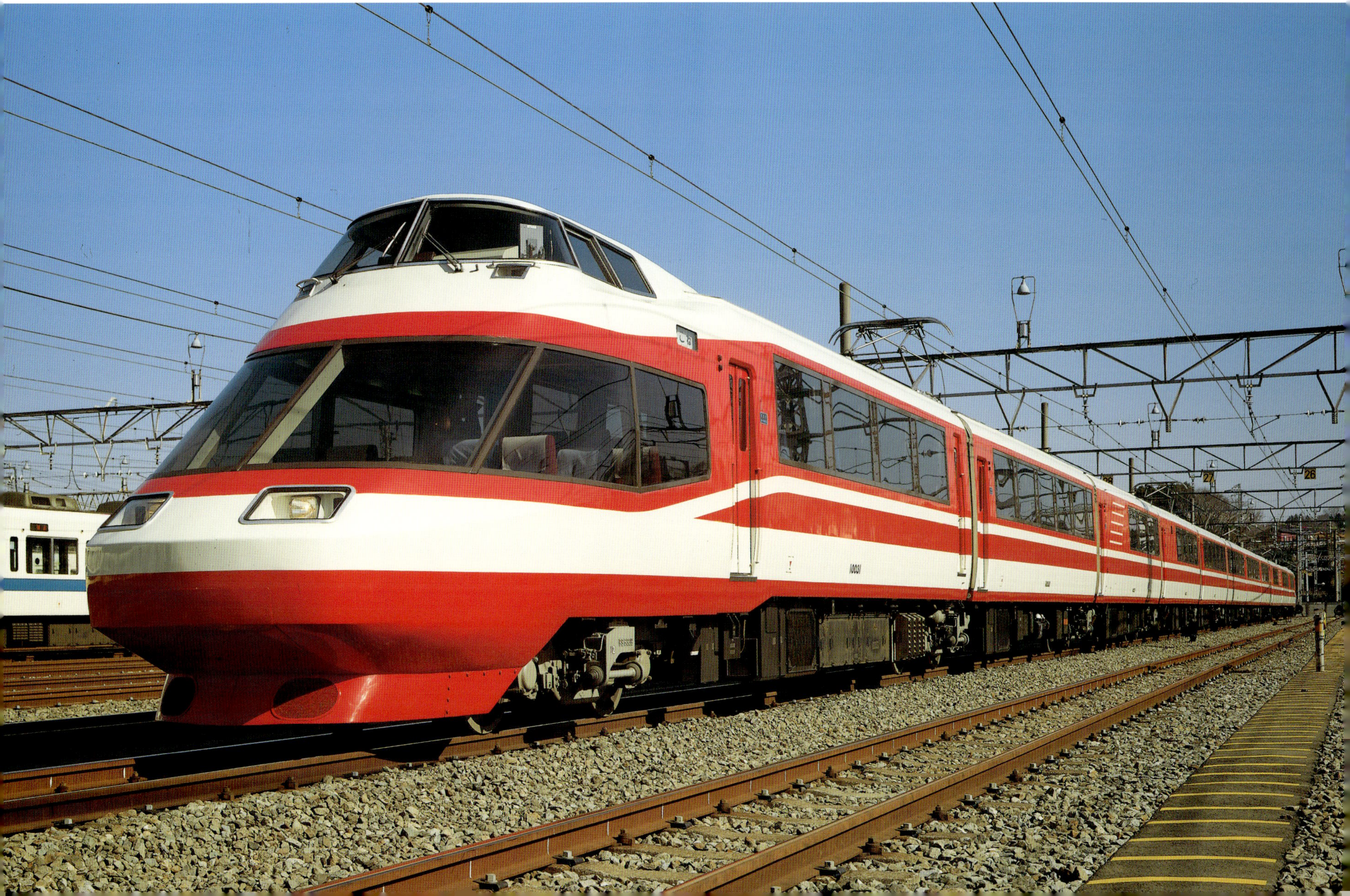

中間にダブルデッカーを組み込んだ20000形／RSE（1990.12.26 経堂検車区）

小田急ロマンスカー物語

躍進する小田急
ニュールックロマンスカー毎日運転
新宿⇔小田原
特急 90分

1) 小田急ロマンスカーの現況

4種に大別されるロマンスカー

　小田急で戦後ロマンスカーが走り出したのが、昭和23年の1600形からとすれば、平成6年で46年目になります。初めのころは土曜・日曜のみの運転でしたが、それでも「空気を運んでいる」と陰口を叩かれたものでした。運輸部では、つてを求めて乗車の勧誘に歩き、ときには本社勤務の部員が土曜日の午後会社がひけてから"サクラ"となって乗車したり、駅の出札窓口では小田原までの切符を買うお客さんに積極的に特急の売り込みをするなど、苦労したものでした。今では毎日数多くの人たちが特急を利用しています。時間帯によっては空席がなく、キャンセル待ちの人が行列をつくるのも見慣れた光景となりました。

　ロマンスカーも走り出した昭和20年代と、平成の現在とではお客の持つ意識に相当の変化がみられます。初めのころはステータス・シンボル的な感じもありましたが、現在では非日常性を求める一方で、通勤や沿線流動の下駄履き的庶民性も求められています。したがって、利用する列車や時間帯・行く先によって利用されるお客さんも多種多様となっています。同じ特急といっても随分違うものだな、と感ずることがあります。

　ロマンスカーは現在4種類の列車名によって大別されていますが、初めのころは列車ごとに名称を付けていました。列車本数が増加するにしたがい煩雑となってきましたので整理し、現在の姿に落ち着きました。現在は次のようになっています。

●はこね／小田急ロマンスカーの看板列車で、新宿～小田原間をノンストップで走ります。もちろん運転区間は新宿～箱根湯本です。新しく造られた優秀車両は、まず、この「はこね」の運用に投入されます。現在20000形・10000形などが使用されています。

●あしがら／沿線の発展に伴い途中駅から特急乗車の要望が強くなり「はこね」の一部を町田に停車させたこと、また夕方新宿到着後下り回送となる列車を客扱いとした「通勤特急」がこの列車になります。運転区間は新宿と箱根湯本・小田原・町田の間となります。

●さがみ／当初は沿線の観光地に旅客を誘致する目的で、向ケ丘遊園と新松田に停車する新宿～小田原間の特急が設置されましたが、のちに本厚木を追加しました。しかし現在では観光特急というより、沿線都市間特急の性格が強くなっています。車両は一部に10000形も使用されていますが、総体的に3100・7000形の使用が多いので、ちょっと格が落ちるとの声もあります。目的にあった専用車両の投入、停車駅の再検討の声も出ています。

●えのしま／江ノ島線の特急の歴史は、昭和26年7月からの1700形による納涼電車に始まります。その後、2000形を使用した特急が夏期輸送中に運転され、逐次年間を通して運転されるようになり、現在に至っています。停車駅は町田と藤沢です。使用車両は3100・7000形の場合が多いようです。

●あさぎり／昭和30年に気動車で始められた御殿場線乗り入れ特急で、平成3年から新宿～沼津間に延長されるとともに、小田急・JR東海両社で特急車両をそれぞれ新造し、相互乗り入れとなりました。停車駅は町田・本厚木・松田・駿河小山（一部）・御殿場・裾野となっています。使用車両は小田急は20000形、JR東海は371系で、両車とも特別座席を設けており、小田急線内はスーパーシート、JR線内はグリーンシートとして使われています。このほか、団体用や、季節にハイキング特急・多摩線からの江ノ島・鎌倉特急などが運転されています。

　現在、ロマンスカーは、箱根湯本・小田原・片瀬江ノ島・沼津（御殿場線経由）へ1日に94本から115本の列車が走っています。その走る距離の

鉄道友の会が毎年会員投票により最優秀車両にブルーリボン賞を贈る。これは10000形／HiSEの受賞式（1988.9.11　新宿駅）

もう昔の思い出
となった改良前
の新宿駅で発車
を待つ特急ロマ
ンスカー1700形
（1951.2
写真提供・
小田急電鉄）

合計は１日で最大9000kmを超え、東京〜鹿児島間を３往復する距離に匹敵します。

新宿〜小田原間60分の夢

最近、フランスのＴＧＶ、ドイツのＩＣＥ、スペインのＡＶＥ、イタリアのＥＴＲなど300km/h以上の速度で走り、時間短縮を図ることによって社会経済的効果を狙っており、我が国の新幹線もまた270km/hを超え、300km/h突破のためＪＲ各社は試験車を造り、試験を重ねています。

小田急のロマンスカーは、戦後いち早く五島慶太が東京と箱根の密着を唱え、新生小田急となってから安藤楢六・山本利三郎のコンビで新宿〜小田原間60分を唱えました。昭和23年の特急開始の時は100分だったのを、昭和38年に62分とあと一息のところまで迫りましたが、その後は予想以上の首都圏人口の急増により、総列車本数の増加とラッシュ対策のためスピードダウンを余儀なくされ、現在では70分位に落ちてしまっています。

目標の60分運転を行なえるのは、近郊区間の複々線化完成を待たなければならないでしょうが、そのほかの複線区間でも急曲線の緩和や踏切の立体化、信号方式の改良など問題は山積しております。また、車両回転率の向上といった内的問題の改善もあります。対抗する輸送機関である高速自動車道やＪＲ東海道線が着々と設備を強化している以上、早く60分運転を達成してもらいたいものです。

"ブルーリボン賞" 受賞の栄誉

全国の鉄道が好きな人たちが集まって「鉄道友の会」を結成しています。現在、東京・名古屋・京都・阪神など20支部に分かれ、活発に趣味活動をしています。会員数は約6500人です。

毎年４月、前の年に誕生した鉄道車両から最優秀と思われる車を全会員の投票により選出して、"ブルーリボン賞"を与えていますが、そもそもこの賞創設のきっかけとなったのは小田急のＳＥ車3000形の登場によるものだといわれています。

小田急のロマンスカーは、第１回のＳＥ車3000形から、ＮＳＥ3100形、ＬＳＥ7000形、ＨｉＳＥ10000形、そして最近のＲＳＥ20000形まで、すべての特急車両が受賞しています。所有している特急車両がすべて"ブルーリボン賞"を受賞しているというのは、我が国の数ある鉄道会社のうちでも小田急だけです。

それでは小田急のロマンスカーの歴史をひもといてみましょう。

2）小田急誕生

郊外電車の発達

　小田急は昭和2年の4月1日に新宿〜小田原間83kmを一気に開通させました。大正中期以降、景気の上昇、国内交通網の整備、鉄道動力に電気とガソリン燃料の進出などの諸要件の変化と、法制の改正により私的資本による鉄道の新設が相次いで行なわれました。特に関東では大正12年の関東大震災のあと、急速に郊外に住宅地が展開して行き、これに伴い、いわゆる郊外電車が発達しました。現在の東急の各線・小田急・西武新宿線などは、いずれもこの時期に開業しました。そして、それまで蒸気鉄道だった東武や武蔵野鉄道（現在の西武池袋線）も電車化しました。また、軌道といって一部を道路上に敷設していた京浜・京成・京王なども専用軌道化や連結運転・急行運転に早くから取り組み、このころには実質的に鉄道化しておりました。マスコミや一般大衆はこれらを「郊外電車」と称して、東京という大都市の外延化の触手として位置付けていました。

　小田急（当時は小田原急行鉄道という名称でした）は、省線電車（鉄道省直営の電車）ですら東京と横須賀軍港を結ぶ60km余の横須賀線が最も長い路線だった時代に、なぜ小田原まで80km余の長い電車運転を計画したのでしょうか。いうまでもなく、東京に最も近い箱根温泉にお客さんを運ぶことを目論んでいたのです。しかし、小田原〜箱根湯本間と箱根湯本〜強羅間には小田原電気鉄道（現・箱根登山鉄道）がすでに営業していたため、免許は小田原までしか取れませんでした。

　当時、小田原は神奈川県下第二の由緒ある都市とはいうものの、人口わずか7万人。徳川時代、参勤交代でにぎわった東海道は通っているものの、鉄道は東海道本線が御殿場経由となり、小田原は本線から外れた支線の一駅だったのです。到底、高速鉄道の目的地とするには不足です。やはり、目的地は江戸時代から有名な箱根七湯の温泉だったのです。ただ、今と違って箱根に行って温泉に入るといえば、まだまだ数が少なく今のように日帰りで湖を渡ったり、植物園や関所跡を見て回る

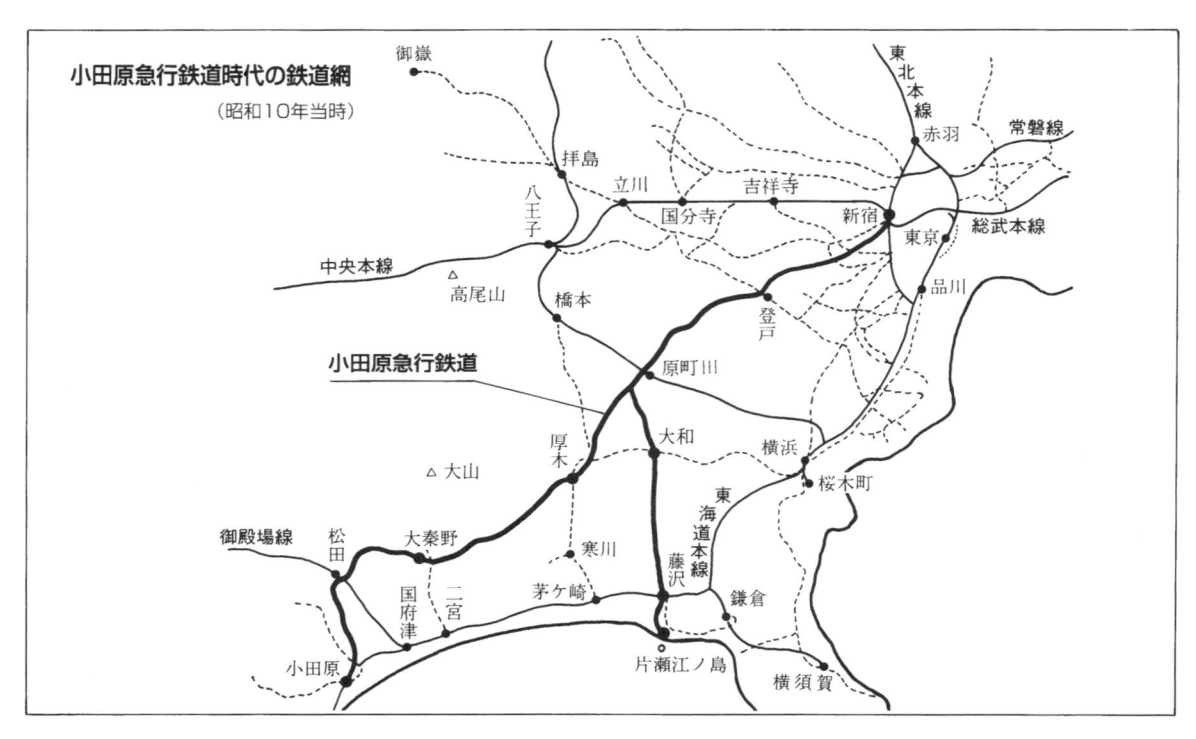

小田原急行鉄道が開業当時に新造した近距離用モハ１形電車。そのうちのモハ10は1983年３月昔の姿に復元された

人たちなどは皆無といえる状態でした。温泉といえば湯治という観念がまだ強かったのですが、日本人はもともと温泉好きです。もっと箱根温泉に行く人たちの便を図ろうと考えたのでしょう。

小田原急行鉄道の計画

ここでちょっと小田原急行鉄道の計画の推移を振り返ってみましょう。

明治15年に東京の新橋〜日本橋間に馬車鉄道が開業しました。一時は庶民の交通機関として好評で会社の成績も良かったのですが、道路の破壊・砂塵のまき上げ・馬糞の落下などの非難苦情が沿線から起こってきました。明治23年の上野での勧業博覧会で我が国で初めて藤岡市助博士の指導により電車が運転され、明治28年に京都で電気軌道の営業が始められました。明治36年には東京の馬車鉄道のうち新橋〜品川間が電車化され、そののち、市内の電車は３社鼎立から統合へ、そして市営へと進み、市内交通の主力は市電となりました。

ところが、明治の末期から大正の初期にかけて地下鉄計画がいくつか出されていました。小田急の創設者利光鶴松も東京高速鉄道（昭和14年に渋谷〜新橋間開通した同名の東京高速鉄道とは全く別の会社）によって市内地下・高架鉄道４路線を申請しましたが、大正９年、新宿・日比谷・万世橋・大塚間の地下鉄路線の免許が下付されました。しかし、掘削土砂の捨て場の問題で内務省の反対に会い、一方では第一次大戦後の経済恐慌に会い、計画は頓挫してしまいました。

そこで利光鶴松は、東京高速鉄道の延長線として新宿三丁目から小田原に至る路線を計画・出願しました。このルートは明治末期に免許失効した武相中央鉄道の計画ルートに似ているし、また古くから国有鉄道の建設計画線の中にあった大崎〜松田間のルートと重なる部分が多かったようです。江戸時代、大山道と呼ばれた神奈川県内陸部の沿線は、明治になって東海道線の開通後取り残された農村地帯でした。したがって、この地域に鉄道を通すことは地元の発展と協力が得られることでした。起点の新宿三丁目はのちに国鉄の新宿駅に改められました。免許申請の時から会社名は「小田原急行鉄道」でしたが、戦前、沿線では「高速」と呼んでいるお年寄りがかなりいました。地元説明の際「東京高速」で話をしていたのでしょうか。

小田急誕生

このようにして昭和2年4月1日に誕生した小田原急行鉄道でしたが、昭和初期の不況の影響を受け、沿線は一向に発展せず1時間に1本の直通列車も人影はまばらでした。そのうえ利光鶴松の雄大な構想から、全線複線・電車線の柱はすべて鉄柱、車両もすべて新車の電動車ばかりで40両を揃え、さらに昭和4年には江ノ島線27kmをこれまた複線で開通させ、車両も新車で35両揃えるという、収入に対して投資過大ともいえる状況だったので、昭和5年下期から10年下期まで無配、従業員も1銭の昇給もありませんでした。

週末温泉急行列車

会社はいろいろと増収策を打ち出し、夏期の江ノ島海水浴客誘致のため、往復5割引を行なうなどしましたが、その一環として昭和10年6月からノンストップの週末温泉急行の運転を始めました。

これが現在のロマンスカーの元祖といえるかもしれません。土曜日の13時55分に新宿を発車して、ノンストップで小田原に15時25分に到着するもので、所要時分は90分でした。車内で新宿ムーランルージュのスター、明日待子吹き込みの案内レコードをかける準備をしたと伝えられています。

なお、帰りの列車は日曜日に小田原発19時30分の列車が運転されましたが、この列車はノンストップでなく他の急行と同じく、途中8駅停車でした。

しかし、大陸の戦火が拡大し、小田急の沿線にも軍の学校や施設が続々と増えるようになり、昭和16年12月8日、ついに太平洋戦争へと突入して行きました。戦時体制下において温泉急行でもあ

るまいということで、運休状態が続き、昭和17年4月のダイヤ改正でスジも完全に消えてしまいました。

交通調整

昭和13年4月に陸上交通事業調整法が公布され、全国の私鉄やバスなどの企業の統合・路線の調整が徐々に進み出しました。

まず昭和13年に東横電鉄と玉川電鉄が合併、14年に東横と目蒲合併、15年には小田急が帝都電鉄を合併、関西でも南海と阪和が合併、16年には大軌と参急が合併し関西急行となったほか、関東でも東京地下鉄と東京高速が帝都高速度交通営団になり、京浜と湘南が合併するなど、企業の統合が進められてきました。そして昭和17年5月、東横が京浜・小田急を合併、東京急行電鉄が発足し、19年5月には京王電軌も合併しました。

戦争中はいろいろありましたが、昭和19年12月、神中線海老名口電化のため、あるいは翌20年5月、空襲による井の頭線戦災などにより小田急の電車が貸し出されたりする一方、輸送力不足のため省線電車の応援も何度かありました。また、戦前・戦後を通じて、南武線と電車のやりとりも行なわれました。

戦争末期から終戦直後にかけては疲労困ぱいの状態で、昭和20年6月のダイヤ改正では、全列車は各駅停車となり、パラ・ノッチの禁止（電動機に所定の750Vの電圧がかけられず、半分の375Vとして、電動機の保護と高速運転による各所の損耗防止などを図ったもの）により新宿～小田原間159分・表定速度31km/hにダウンしてしまいました。

昭和20年8月15日、終戦。米軍進駐、食料危機、

建設工事中の参宮橋付近（写真提供・高田隆雄）

建設工事に使用した蒸気機関車（写真提供・高田隆雄）

開通間もない頃の新宿駅における小田急電車（写真提供・高田隆雄）

労働運動激化、体制の崩壊と続き、昭和23年6月に東急は東京急行・京浜急行・小田急・京王帝都の4社に分かれ、新発足することになりました。

新生小田急

東急合併前は小田原線・江ノ島線・帝都線（井の頭線）の3線から成り立っていましたが、分離に際しては電灯事業のなくなった京王の存在が危ぶまれたので、収益率の高い井の頭線を京王と一緒にすることにしました。そして、井の頭線（旧・帝都電鉄）従業員の意識を考慮して、社名を京王帝都電鉄としました。一方、帝都線を外された小田急は旧東横が株式を押えていた箱根登山鉄道と神奈川中央自動車を関係会社とし、箱根の開発と沿線における培養効果を狙うことになりました。

小田急は昭和21年、大東急時代に立てられた戦後の鉄道業復興計画の10大目標のうちの「小田原線の箱根直結」の実現に向けて動き出しました。とはいっても戦争による施設と車両の疲労は、はなはだしく、モハ63形戦時設計電車の投入はあったものの、在来車の一部は井の頭線や相模鉄道神中線に応援に行ったままで、昭和23年の独立当時は所属車両93両に過ぎませんでした。現在、所属車両数が1000両を超えることをみると、その1/10

にも満たなかったし、現在、通勤車が20m4扉車なのに、当時はほとんどが16mの小型車でした。故障が起きても十分な修理ができず、夜中までかかって修理して、翌朝、何両出庫できるか、担当者は毎日頭を痛めていました。

当時、運転士は乗務中に車両故障に会わない日はないといってもよいくらいでした。もちろんドアエンジンなど、まったくない状態で、なかには片肺車と称して4個モーターのうち2個モーターしか使えず、当然パラ・ノッチの入らない車もありました。当時の運転士の技量は「いかに衝動なく定位置に止めるか」ということより、「車両故障の発生した時、応急処置で、できるだけほかの列車に影響を与えず、車庫のある駅まで持って行くか」ということでした。そのため、「車両故障処置訓練」や「競技会」も頻繁に行なわれました。

また、車両課はモデル車両方式をとり、車両の早期完全復旧を目指しました。車両全体のレベルを徐々にアップしていくのでなく、ある特定の車両を完全に整備して、電車の正面貫通路上に「復興整備車」と書かれた看板を取り付け、この車両を増やしていく方式をとったのです。そして1600形から逐次整備されていきました。

3）箱根特急誕生

箱根特急の計画

このころ、箱根特急の計画も進められていました。当時、小田急で最も新しい車で、しかも馬力のある車といえば1800形でした。しかし、この車は省形式のモハ63形で、戦時設計の大量輸送を目的とした車ですから、到底、特急用の車ではありません。一応運転曲線を引いて、クハ1853＋デハ1805のMTc編成で試運転も行ないましたが、当然のごとく乗り心地は悪く、特急に使用することは無理でした。

そこで、1600形で運転曲線を引いたところ、新宿〜小田原間を95分20秒で走れそうだと分かりました。昭和23年の夏期輸送も終りに近付いた8月27日、デハ1607＋デハ1601（クハ代用）のMTcで試運転を行ないました。その結果、実施に対する確認が得られましたので、新宿〜小田原間100分運転で各駅間の運転時分を設定しました。また、営業の要望を入れて下り新宿発・上り小田原発の時刻を決め、ダイヤ上に特急のスジを挿入、宣伝・広報の準備に入りました。

また、復興整備された1600形の中からデハ1602、1604、1607、クハ1651、1601、1315の6両を特急車両に指定しました。そのほか、乗務員訓練や官庁許認可申請、特急料金制定、特急券・ポスター・チラシの製作などの準備に入りました。

ノンストップ特急運転開始

準備万端整って、昭和23年10月16日土曜日。

12時50分、新宿駅10番線よりノンストップ特急が発車して行きました。当時は今と違ってセレモニーをやるわけでもなく、飾り付けもなければ、招待客もいないし、記念乗車券すら発売されません。わずかに本社運輸部の幹部たちが見送りに来ているだけでした。

初日ということで、車両はデハ1607＋クハ1651＋デハ1602の3両編成が当てられました。当時は車両に余裕があるわけではなく、朝のラッシュが終るのを待って、9時過ぎに経堂電車区に入庫した車を大急ぎで機器の点検と車体の清掃を行ない、座席に白いシーツをかけ、スタンド型灰皿を並べて新宿駅に回送したもので、電車区ではまさに戦場のような騒ぎでした。

なお、3扉ロングシート車なので、中央の扉は閉め切りとして、そこにもシートを置き、1車45名の座席定員としました。また、当時は幌で連結されていないので、車両間の行き来は車掌に限られていました。

もちろんトイレはなかったので、お客から要望が出たらどう処理するのかということを、事前の運輸部内の検討会議でも討論されましたが、100分程度の運転時分なので事前に処理されるよう、

箱根特急の案内用に使われた各種ポスター

戦後初の特急は戦前の名車1600形によって運転された（写真提供・小田急電鉄）

駅・案内所・車掌の方で案内するようマニュアルをつくりましたが、緊急の場合は途中駅に病人発生として臨時停車もやむを得ないのでは、とまで決めました。しかし、新聞記者発表の時にも話題となり、誰かが「最後尾の貫通扉を開けてするか」と冗談を言ったのが、「ご婦人ではそうはいかない」とか、「前の車では最後尾まで案内するのか」と話がにぎやかになっていくうちに、会社の常務が後ろの貫通扉から車掌に押えてもらって用を足した、という話がいつのまにか真実らしく広まってしまいました。

このときはまだ案内放送設備はなかったので、車掌が肉声で案内しましたが、ノンストップなのでその必要もあまりありませんでした。それよりもまだ電灯の一斉点滅装置もなかったのです。ののち、しばらくしてから車掌が操作すると、運転室でカチャカチャと大きな音がして車内の電灯が点灯したのを覚えている人もあると思います。

電灯一斉点滅装置がないので、運転士・車掌がそれぞれ自分の車の電灯スイッチを扱いましたが、最初の電車は３両編成なので、やむを得ず真ん中

のクハは運転室に車両係を乗せてスイッチ扱いをさせました。その後は残念ながら３両編成を運転することがなかったので、スイッチ扱い係を乗務させることはなかったと聞いています。なお、翌24年に登場した1910形編成は、当然のことながら一斉点滅装置が設けられていました。

10月16日が特急運転開始の記念すべき日として社史にも記録されましたが、実は当初の計画では

昭和23年10月の 列車時刻

土曜日運転	255ﾚ	新宿発	12時50分
		小田原着	14時30分
日曜日運転	253ﾚ	新宿発	8時00分
		小田原着	9時40分
	250ﾚ	小田原発	16時30分
		新宿着	18時10分
	254ﾚ	小田原発	18時30分
		新宿着	20時10分

特急充当指定車両
デハ1607ークハ1651
デハ1601ーデハ1602　　＊1601はデハだったが、
デハ1604ークハ1315　　電装解除の上、クハ
　　　　　　　　　　　　として使用された。

戦後の新造1910形3両固定編成特急は黄色と青に塗り分けられ快走した。酒匂川鉄橋をわたり間もなく小田原（写真提供・小田急電鉄）

その1週間前の10月9日が運転開始日となるはずでした。ところが秋には珍しい豪雨があり、箱根登山鉄道が不通になってしまったのです。小田原まで運転できても箱根温泉に行けないのでは意味がないということで、急きょ、運転開始を1週間遅らせることにしたのです。普通なら幸先が悪いということですが、結果は今日の隆盛を見ると「縁起をかつがないで良かった」と言えるでしょう。

なお、この年の夏には、江ノ島線に「夏期不定期急行」が運転開始されましたが、当時の小田原線には「急行」はなく、「準急」が最も早い列車で、「急行」を飛び越えて「特急」が設定されたことになります。

新特急1910形登場

昭和23年に独立した小田急電鉄は、電動車15両新造を認可申請しました。当時は、製造材料を国が管理しており、緊急性の高いものから許可して

いました。鉄道車両は戦後復興の重要な足である
ということで基本的には優先度が高かったのです
が、無制限に認可されるというものではなく、大
手私鉄・地下鉄などについて、運輸省がチェック
し査定していました。幸い15両の新造が認められ、
とりあえず10両が川崎車輌に発注されました。

ＭＭの２両編成では馬力過剰でもったいないた
め、間にＴを挟んで３両編成とすることにしまし
た。15両枠の残りの５両をサハで新造する意見も
社内でありましたが、せっかくのモハの枠なので
とっておいて、戦災国電の台枠の払い下げを受け、
車体を新造してサハを５両造ることにしました。

結局３両編成５本が造られましたが、当時は運
輸省が指導した標準設計しか認められず、線区の
特殊性でわずかな修正しか許されませんでした。
そこで３編成は３扉車、２編成は２扉車とし、２
扉車編成はラッシュには急行に、オフタイムには
特急に使うことで計画を進めました。したがって
２扉車は中央部はクロスシート、その他の部分は
ロングシートとしました。

外部塗色は、国鉄はもちろん、日光への進駐軍
客車を挟んだ東武の特急も栗色塗装という時代で
もあり、15両全部を従来通りの栗色と考えていま
した。ところが、途中で特急用の２編成は２色塗
装とすることにしました。というのは、関西の近
鉄が昭和22年10月から上本町〜名古屋間を中川乗
り換えで特急を走らせており、車両は戦前のもの
ながらレモンイエローとスカイブルーに塗り分け
ていたのです。小田急でもさまざまなカラー塗装
案を検討しましたが、当時の塗料の種類や褪色性
を考えると、ブルーとイエローが最も良いという
ことになりました。近鉄の二番煎じという意見も
ありましたが、もっと濃い色で、イエローもオレ
ンジに寄った色とすることで決定しました。

最近、イエローを採用したのは警戒色というこ
とで決めたのですか？と質問した人がいましたが、
まだ当時は電車に警戒色を採用するという考えは
生まれていませんでした。乗客の目を引くという
考えが強かったようです。

固定編成と〝走る喫茶室〟

３扉車の形式は、デハ1900形とサハ1950形、２
扉車はデハ1910形とサハ1960形としました。小田
急で最初のサハの誕生です。

２両編成で試運転中の1910形（柿生付近　写真提供・高松吉太郎）

関東で初めての広幅貫通路（写真提供・高松吉太郎）

また、初めて固定編成の考えを取り入れました。
それまでの電車は電動車と付随車とでは定期検査
で工場入りする周期も入場日数も違うため、編成
を絶えず組み替えて対処していました。したがっ
て、２両編成・３両編成でも、ある時期ごとに相
棒が変わっていたのです。しかし、編成単位で考
えていけば、機器や配線も合理化できるし、絶え
ず相棒が変わるための不具合や編成組替作業もな
くなるし、個々の車両キロ算出も楽になります。
定期検査も編成単位で考えようということで固定
編成としました。

固定編成となったため、３両編成の両端にのみ
運転台を持ち、連結側は1100mm幅の広幅貫通路と
しました。これは小田急が最初ではなく、戦前に
すでに阪急の920形で採用していましたし、東急で
も昭和17年に造られたクハ3650形、そしてこれの
相棒となるはずが新造時期がずれ、井の頭線戦災
対策に投入されたデハ1700形が広幅貫通路で造ら
れています。しかし、阪急は２両編成であり、東
急時代の２形式は相棒がない状態だったので、３
両広幅貫通は我が国で初めてでした。

また、当時の貫通幌は、それぞれの車体に取り付けられた幌を引き出して連結する、というやり方でした。しかし、幌の中央に重い鉄枠をぶら下げているのですから、どうしても垂れ下がり、幌も傷むので、一枚幌としました。現在では当たり前の方法ですが、当時としてはコロンブスの卵のようなものでした。これも固定編成だから実施しやすかったのかもしれません。

このほか目新しい装置としては、圧力継電器なるものが取り付けられました。出庫時パンタを上げてコンプレッサが働き出すと元空気溜に空気が込められます。ある程度の圧力になると電車の起動は可能です。ところが補助空気溜が所定の圧力に達していないとブレーキがききません。そこで補助空気溜に３kg／cm²以上の空気が入っていないときは、力行ノッチが入らない役目をする圧力継電器を設けました。

また、新装置としてデッドマンも採用しました。従来1600形のＡＢＦ（自動加速）のマスコン（主幹制御器）では力行中運転士が手を放すと、回路がオフになるだけでしたが、新車では同時に非常ブレーキが作動するようにして、運転士の失神などの異常時対策としました。

中間サハは国電の古台枠使用のため、車体幅が2800mmあり、前後のデハが私鉄の標準限界による規格型電車であるため、車体幅が2740mmで、やや編成美には欠けていましたが、鮮やかな色彩によって十分カバーされていました。

また、３両固定編成となって「走る喫茶室」が誕生しました。紆余曲折の末「日東紅茶」が担当したのですが、最初の数週間は湯沸器用の電源が間に合わず、練炭こんろを持ち込んだという今考えると怖いことをしたものです。もっとも戦時中は電車の電熱器などは使えない状態だったので、運転士は寒くてたまらず上司の目をくぐって練炭火鉢を股の間に潜ませていたのですから、それほど危険感はなかったのかもしれません。遅れて納入されたＭＧがサハの床下に釣り下げられると、湯沸器が正常に機能を発揮するようになりました。

箱根湯本乗り入れ

1911〜1914は川崎車輌で新造され、昭和24年７月に小田原経由で入線し、整備ののち８月６日および13日にとりあえず２両編成で使用を開始しました。中間のサハは東急横浜製作所（現・東急車輌）

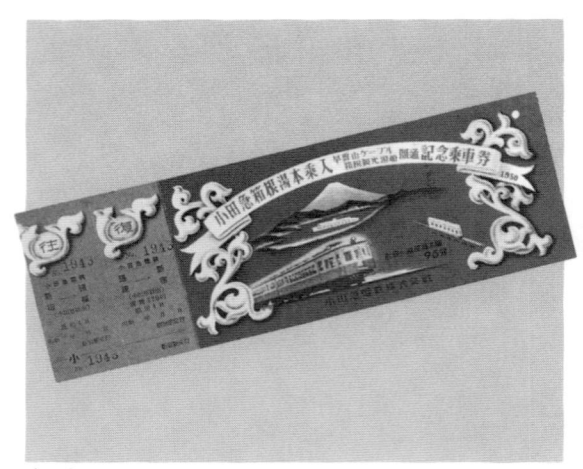

小田急の箱根乗り入れ記念乗車券

で戦災国電の台枠を使用し、構体を組み立て、台車は国電の中古台車を整備して８月末ごろ、相模鉄道線経由海老名から経堂へ回送されました。そして９月上旬編成に組み込まれ、３両編成が完成しました。

平日および土曜日の朝は一般列車に使用され、土曜日の午後から日曜日に運転される特急に充当されるという状態でした。

なお、これより先、夏期輸送を控えて７月９日にダイヤ改正が行なわれましたが、特急がスピードアップし、新宿〜小田原間は100分から90分になりました。そして10月には、再びダイヤ改正が行なわれ、特急１往復が毎日運転されるようになりました。

翌25年８月１日、長年の懸案だった箱根湯本乗り入れが開始され、特急と急行が新宿から直通するようになりました。この時、新宿〜小田原間もスピードアップし、10分短縮の80分となりました。小田原〜湯本間は15分運転でした。

箱根湯本乗り入れにより直通客は爆発的に増加しましたので、25年10月のダイヤ改正では特急は毎日３往復に増加しました。特急ロマンスカーの地位が確保されたのは、運転開始後２年弱のこのころからでしょうか。それまでは、少し成績が落ちると、採算性が悪い、永久にペイしないのでは、といった反対論が陰でささやかれる事がありました。やはり、しっかりした将来の目標をたて、少々の反対も打ち破って遂行することが必要でしょう。事なかれ主義では社会は進歩して行かないと感じます。

4）新造の特急専用車　1700形

1700形特急専用車

　箱根湯本乗り入れは、幾多の技術的困難を乗り越えて行なわれましたが、これにより小田急の運輸収入は急増しました。一方、特急券が買えないという苦情も増加してきました。また、利用客の声としてボックスシートは良いが、ロングシートは落ち着かないと不評でした。

　当然、社内では特急車の増備の要求が強く出てきました。さらに、新車を造るなら、ロングシートは少なくしてほしいとの要望が営業から出されました。また、運転・車両から一般運用との共用は、やめてほしいとの要望もありました。しかし、役員会では特急専用車を新造することに危惧の念が強く示されました。

　当時としては当然でしょうが、結局、車体は戦災国電の古台枠を使用するが構体は新造。モーターは1600形使用のものを台車ごと流用し、投資金額を圧縮することで決定されました。なお、1600形には、この時期入手できた国電のＭＴ７、９、10などの古モーターを使い、これと国鉄台車ＤＴ10

形を合わせて購入使用することになりました。

　３両固定ＭＴＭ編成・広幅貫通は同じですが、特急専用なので扉は少なく、その分座席数を多くしました。シートも不評のロングシートは全廃、ボックスシートも人数によりけりで好・不評があるので、オール転換クロスシートとしました。当時の転換シートは２等客車などに戦前から使われていましたが、重い構造なので感心しませんでした。しかし軽量構造のものはなく、回転式も"特ロ"（特別２等車）にリクライニングシートが使われていましたが、値段も高いし、スペースもとるので問題外でした。この時の経験からメーカーに研究させ、のちの2300形、そしてＳＥ車へとシートの改善発展が行なわれたのでした。シートは当時の国鉄２等車並みということで、色は紺地とし、白い枕カバーを付けることにしました。

　中間のサハは、20m車の台枠使用ということで、車体長を長くすることができました。すでに1800形（国鉄63形）が使用されていましたので、長さ・幅ともに問題はありませんでした。そして、初めは扉なしのオール座席と考えたのですが、運輸

箱根湯本駅に到着した特急ロマンスカー1700形（写真提供・小田急電鉄）

省の指導により非常扉を設置することになりました。また、1910形では車端部に設けられていた喫茶カウンターを車両の中央に移し、豪華な感じを出しました。

内装は豪華にということで、内羽目には上質の桜材を使用し、灯具など金具は極力金色としました。側窓は広窓がお客から好まれるし、スタイル上からも高級車のイメージがあるということで、1100mm幅の広窓としました。

1700形第1次車が走り出したところ、好評で迎えられましたが、検査や増発で2000形（1910形が改番）に当たると格差が大きすぎ苦情が多くよせられました。また、特急客が急増する傾向がみられ、急きょ第2編成を造ることになりました。

この第2編成（第2次車）は、第1次車に準じて造られましたが側面中央に大きなアルミ製の百合の花の紋章が取り付けられたことが、大きな相違点です。百合は神奈川県の県花なので、路線の大部分を神奈川県下に持ち、また車窓からたくさん見られた小田急としてふさわしいものでした。なお、百合の花はこのほかにも小田急のかくれた紋章・シンボルとして現在も使用されています。

第2次車は昭和26年8月に登場しましたが、モーター・台車は引き続いて1600形から調達しています。なお、第1次車のサハは三菱重工のＭＤ－5台車を使用しましたが、第2次車はＴＲ23を履きました。

完全新製の第3次車

夏の箱根輸送は新特急車の投入で大成功となり、一方7月から夕方新宿に帰ってきた特急車にビール樽を積み込み、近郊区間から江ノ島海岸への納涼電車の運転を開始しましたが、これまた家族づれやグループの人たちに好評でした。その結果、第3次車の投入を決定しました。

第3次車は、今までと違って全くの新車で造られました。したがって台車は当時メーカー各社が乗り心地改善のため新型台車を競って研究試作しておりましたが、長年付き合いのある住友製鋼のＦＳ108台車を採用し、モーターは今までと同じ三菱のＭＢ146ＣＦを新製しました。

大きく変わった点は正面が大きな垂直2枚窓となった点と、室内照明が蛍光灯になった点でしょう。今では電車の照明は蛍光灯が当たり前ですが、戦後アメリカから蛍光灯がもたらされるや、その明るさに驚いた一方、青白い光に幽霊の光だとか温かみのない冷光だとか酷評も多かったのです。電車の電源は家庭用と違って直流なので、一方の極がブラッキングを起こし寿命が短く、なかなか実用化にこぎつけませんでした。しかし、このころには問題点も逐次解決し、実用化されるようになりました。

また、それまでの電車では天井板は3尺×6尺などのベニヤ板を白く塗って使用しており、その合わせ目には押し縁という細い幅の板で隠していました。しかし、この3次車から不燃化対策もかねてアルミ板を使用するとともに、その継ぎ目の押し縁を廃止し、継ぎ目なし天井としました。そのほか、複音汽笛を2組設置するなど、新機軸もかなり採用されていました。

3次車の登場により1次・2次車も蛍光灯改造、百合の紋章の取り付け、台車・モーターの新造による振り替えが行なわれました。

3次車は、昭和27年の夏期輸送のさなか、8月

サハの中央に喫茶カウンターが設けられていた

納涼電車では天井に涼しげな朝顔の棚が吊られていた

新宿駅を発車した1700形3次車。正面2枚窓と腰板の銀色に輝く百合のマークも懐かしい（1952.10.8）

10日から就役しました。これより前7月からの夏期輸送では2000形（1910形）による臨時特急が平日2往復・料金不要で運転されました。

1700形3本体制により箱根特急客は急増し、翌28年4月のダイヤ改正ではさらに増発されましたが、それでも週末には特急券の買えない旅客が出ました。これに対して、2000形車両使用による定員制サービス急行も運転されました。また、昭和29年夏から江ノ島線特急にも1700形を投入し、特急料金が設定されました。

なお、1700形は昭和32年にSE車が出現すると特急の座を追われ、3扉の一般車に改造し、新造の中間サハを加え4両固定編成で、通勤輸送に活躍しました。

ところで余談になりますが、小田急では昭和23年に東急から分離独立した時は車両の形式・番号を変更することなく、そのまま引き継ぎました。なお、一部相模鉄道への譲渡車の関係で欠番もありました。また、大東急の形式は軌間・電圧による大分類の中では製造年順に形式が与えられていましたが、小田急では形式末尾を電動車は00、制御・付随車は50とすることで、昭和25年に改番を行ないました。その結果、1000から2050までの形

式が決められました。ただ1700形、1750形は欠形式でした（大東急時代の1700形は、最初デハ3550として東横線に、のちに1700形として一部の車両を一時、小田原線にと考えられていましたが、結局井の頭線に戦災補充として投入されました）。

昭和26年、小田急初めての特急専用車を造った時、その形式は順序からいえば2100・2150となるべきだったかもしれませんが、1700・1750が空いており、特急専用車とはいえ古台枠使用の改造名義、モーター・台車転用の車なので空形式を埋めることで、別に問題もなくすんなり決まりました。

多摩川の鉄橋を渡る1700形2次車

5）悲運のエース　2300形

1700形の暫定増備車

　小田急のロマンスカーのなかで4両編成がただ1本だけ、最新鋭特急の座にあったのは僅かに2年間という、時代の狭間に生きた悲運のエース、または薄幸の美女とも呼ばれるのが2300形です。

　1700形特急車の好評により、箱根特急客は年々増加を続け、3本の1700形特急車では不足であるとの声が営業から生じてきました。しかし、高性能軽量車の研究が進められていましたので、釣掛式の1700形の増備は考えられませんでした。といっても、のちのＳＥ車となる車の研究は進行中であり、昭和29年9月にやっと製作決定のゴーサインが出たところでした。そこでＳＥ車出現までの暫定増備ということで、同29年7月に竣工した2200形の性能をそのまま受け継ぎ、車体を特急用とした車両を1編成製作することになりました。

　暫定という前提があったので、車体長は17mと、2200形に同じで、性能・機器・部品も2200形に合わせるために、ＭＭ'×2の4両編成となりました。それでも車体は特急らしく、前面は2200形の垂直

2枚窓を上部傾斜の2枚窓とし、ガラス面も大きくしました。いわゆる湘南電車スタイルになったので、青と黄の塗り分けラインも一直線からＶ字スタイルになりました。従来、前面窓上の尾灯・急行標識灯が切り替え式だったのを、上部尾灯・下部標識灯としました。また、汽笛は複音ですが前照灯の両脇に配置しました。

　側面は側窓がずらりと並び、連結寄りに客扉を配置するという1700形と同様の窓配置でしたが、1700形では1100mm幅だった窓を、2300形では800mm幅とし、シート1つに窓1つとしました。新宿方の2301の次の2302は小田原方エンドの海側にトイレ、山側に非常扉、3両目の2303は新宿方海側に非常扉、山側に放送室があり、中央部海側に喫茶カウンターが設けられました。喫茶カウンターは1700形に比べると5割方も広くなりました。

リクライニングシートを採用

　シートは1700形に準じていましたが、転換式でありながら軽量構造とした上でリクライニングシートとしました。なお、ゆったりとした座席幅を

桜並木の玉川学園前付近を快走する特急「明神」2300形（1955.4）

1700形から2300形特急ではヘッドマークスタイルが統一されたが、よく見るとSPECIAL EX.，LIMITED EX. などまちまちだった

確保するため、車体の原則的な寸法は2200形と同じとしながら、車体幅は1700形と同じ2800mmとして、2200形より100mm 広くなっています。

リクライニングシートにしたため、座席間のテーブルはスライド式としました。また、シートの枕カバーはそれまでの白布から、ビニールクロスとなりました。今ではビニールクロスというと安っぽい感じがしますが、時代の変化でしょうか、当時は出たばかりで類似品はなく、新しさを感じさせたものでした。

室内照明は蛍光灯の中央１列配置であることは1700形と同様ですが、その両脇に換気スリットが設けられ、スピーカーは荷物棚内に移されましたので、すっきりとした天井となりました。室内の羽目は不燃化対策として開発されたデコラ（メラミン樹脂積層アルミ板）の淡黄色板を用い、明るい感じとなりました。そのほか客出入口部に折り畳み式補助椅子が設けられました。

４両編成となったので、1700形の定員186人に対して 240人となり、「はこね」「あしがら」の最も

利用客の多い列車に充当され威力を発揮しました。また、夏期には江ノ島線で納涼ビール電車「すず風」にも使用されました。

昭和34年２月、ＳＥ車の第４編成が完成・就役するとともに2300形は特急から引退し、２扉セミクロスシート車に改造され、さらに38年には３扉ロングシートの２両固定編成車に改造されてしまいました。

多摩川鉄橋を渡る2300形４両編成特急（1955.8）

6) 御殿場線乗り入れ　キハ5000・5100形

ディーゼルカーで御殿場線乗り入れ

　小田急電鉄がディーゼルカーを運転していたのは、昭和30年10月から43年7月までの13年弱の年月でした。

　電気鉄道が架線の下にディーゼルカーやガソリンカーを走らせるのは、妙な感じもしますが、戦前、東横線で急行にガソリンカーを使用しましたし、戦後も南海電車が国鉄紀勢線直通の列車に、富士急が国鉄中央線との直通列車にディーゼルカーを使用していました。また、現在でも名古屋鉄道が高山線直通ディーゼルカーを走らせています。つまり、ほとんどの路線では国鉄非電化路線との直通のため、ディーゼルカーを走らせていたか、現に走らせているのです。

　小田急も松田〜御殿場間の御殿場線に乗り入れるためにディーゼルカーを採用したのです。

　御殿場線はご存じのように、かつては函嶺越えの東海道本線で、昭和5年に東京〜神戸間を9時間で走った超特急「燕」は下り国府津〜名古屋間無停車とし、国府津で連結した後部補機を走行中に解放するなど苦労したところでした。しかし、16年の年月を要した丹那トンネルが開通し、東海道線は熱海経由となり、国府津〜沼津間は御殿場線となりました。

　昭和25年、小田急は箱根湯本乗り入れを実現させましたが、その後、芦の湖の湖上輸送やバス路

工事中の御殿場連絡線（1955.8）

線問題に端を発した、いわゆる箱根山戦争が生じました。箱根仙石原から湖尻桃源台方面への第二のルートとして、御殿場・乙女峠ルートの重要性が浮き出てきました。また、御殿場から山中湖を経て富士五湖方面へのルートも考えられました。そこで小田急は、昭和27年、国鉄総裁に気動車による御殿場線乗り入れを申請しました。

　小田急線と御殿場線との直通運転の構想は戦争中にもありました。熱海から大船あたりまで海岸線を走る東海道線は、艦砲射撃を受ければ不通となってしまいます。そこで御殿場線〜小田急線の迂回ルートが考えられ、一部松田付近で工事が行なわれたり、蒸気機関車の小田急線内運転テストが行なわれたりしましたが、実施することなく終戦を迎えました。

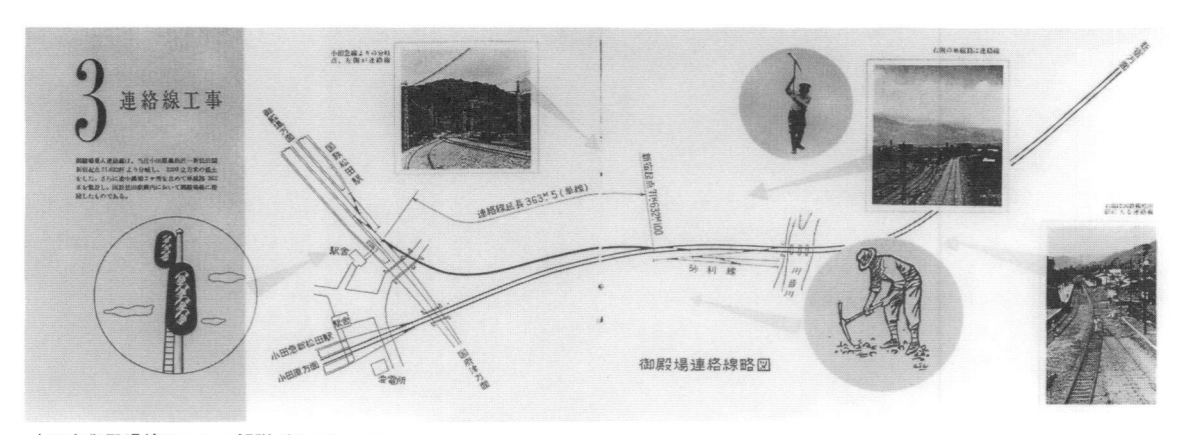

小田急御殿場線乗り入れ解説パンフレット

キハ5000形は日本で初めての20m車・2機関搭載強力形気動車。御殿場駅で待機中の2両編成（1955.10）

　戦後いち早く大東急では鉄道業復興3カ年計画を樹立しましたが、第一項に「小田原線の御殿場線乗り入れ」がうたってありました。具体的には運輸省の手で御殿場線を電化し、小田原線の電車を沼津まで走らせよう、というもので、昭和22年3月に運輸省に申請しています。ところが電化工事費の高額が予想され、また全国的にみて順位が後の方になると考えられるので、全線を東急による受託経営案で電化案・蒸気機関車案・ディーゼル電動車案などが検討されましたが、そのうちに大東急そのものが解体してしまいました。

ディーゼル化への歩み

　戦後の復興が一段落すると国鉄はエネルギー改革に乗り出しました。電化路線を広げる一方、非電化路線は蒸気からディーゼル化へと進みました。

　当時ディーゼルカーも、ディーゼルエンジンで発電機を回し、その電気でモーターを回す方式、ディーゼルエンジンを自動車と同様に変速機を介して運転する方式とがありました。前者はアメリカなどで広く使われており、我が国でも昭和10年に相模鉄道（現・JR相模線）がキハ1000形を、

同12年に国鉄がキハ43000形を造っていますが、戦争により中断しています。電気式は、何台もの動車を総括制御できる利点がありますが、重量が重くなり、使用モーターもあまり大きくできず、エネルギーロスも大きい欠点があります。

　後者は、戦前のガソリンカーやディーゼルカーが殆どこの方式で簡便であり、エネルギーロスも少ないので良いのですが、最大の欠点は総括制御ができず、連結運転する時は1両ごとに運転士が乗り、汽笛合図で力行・だ行を行なっていました。

キハ5000形登場時の御殿場線はまだD52の天下（1955.10）

相模大野構内を通過する上りキハ5000形特別準急（1955.10）

しかしヨーロッパでは、戦前から液体変速機を使い総括制御できる方式の開発を行ないつつありました。我が国でも戦時中から研究を進めていましたが、戦争により一時中断、昭和26年に研究を再開しています。

昭和27年に電気式キハ44000形、液体変速機式キハ44500形（のちのキハ15形）各4両が試作され、営業線での使用状況に基づき、昭和28年から液体式キハ45000形（のちのキハ17形）の量産が始まりました。ところが当時の気動車は、ＤＭＨ17形150～160ＰＳ（＝kW/h）エンジン1基なので、御殿場線のような25‰連続勾配では速度が25～26km/hくらいしか出ないので、蒸気機関車のＤ52牽引列車より速度が低く、ダイヤにのりませんでした。

国鉄ではエンジン2基搭載車両の開発が進められ、昭和29年にキハ44600形（のちのキハ50形）が完成しました。これにより、25‰勾配での速度は45km/hに上昇しました。

キハ5000・5100形

前述のように昭和27年に申請した御殿場線乗り入れ運転は、紆余曲折があって同30年8月16日に承認され、9月7日乗り入れ契約および協定が締結されるという慌ただしさでした。小田急はこれを見越して乗り入れ用の2基エンジン車の開発研究を行なってきましたが、昭和30年9月5日にキハ5000形2両が完成しました。先の国鉄キハ44600形は22m車両なので、使用線区が限定され、関西線配属となりましたが、標準寸法である20m車で2基エンジン車は小田急のキハ5000形が日本最初でした。国鉄は翌年3月にキハ44700形（のちのキハ51形）を完成、沼津区に配属しました。

キハ5000形は前面のカーブがやや強い、スマートな形状で、当時の小田急のロマンスカーカラーである黄色と青色の2色塗りで、正面貫通路にはクロームメッキの手摺がついていました。20mの車体には1000mm幅の窓が並び、客扉は片側1カ所、助士席の後ろに設けられていました。台車は、電車と同じようなウイングバネタイプのＴＳ104を履きました。当時の国鉄気動車はＤＴ19系で、あまり乗り心地が良くなかったのに比べると、キハ5000形は柔らかな乗り心地でした。車体幅は一般の電車では地方鉄道の車両限界2744mmにおさめていましたが、この車はタブレット授受の際の保

護網取り付けのため、外板間寸法は2620mmと狭い車体幅でした。

また、20m車の両端に運転室、トイレ、出入り口と設けて定員94名はいかにも窮屈で、固定クロスのシートピッチは1320mmと戦災復旧客車オハ60系より狭いものでした。優等車としては問題があり、次のキハ5100形ではピッチを1520mmに広げ、定員も82名となりました。引き続いてキハ5000形も同様に改造されましたが、窓とシートの関係がずれてしまいました。

なお、1700形や2300形の特急車では喫茶スタンドを設けてありますが、キハは1両で運転するので女子販売員を乗務させて、抱えた籠の中の物品を販売する方式とし、小田急商事が全区間担当しました。

小田急乗務員が国鉄線に

営業開始に先立って気動車乗務員の教育訓練が始まりました。なにしろ電車運転はお手のものですが、気動車は初めて乗る人ばかり。先生も社内にはいません。そこで国鉄の西千葉気動車区と職員養成所に教習を受けに行きました。また検修担当者も同じく教習を受けました。車掌は国鉄の運転規則・取り扱い心得の教習とタブレット授受の実地訓練を受けました。そして無事全員が国鉄の考査に合格しました。

キハ5000・5100形の乗務は、御殿場まで小田急の乗務員が通して行なうことになりました。相互乗り入れは分界駅で乗務員が交代するのが原則となっており、国鉄線内を私鉄の乗務員がそのまま運転するのは、古今未曾有のことでした。私鉄の乗務員が少なく交代がうまくできないとか、乗り入れ距離が短いという場合など国鉄乗務員がそのまま乗り入れていた例はありますが、その逆の例はありませんでした。これは現在でも交代が原則になっています。

実は、小田急の気動車が乗り入れを開始する段階では、国鉄はまだ蒸気運転で、御殿場線には気動車乗務員がいませんでした。したがって交代しようにもできなかったので、小田急乗務員がそのまま乗り入れすることになったのです。乗り入れ乗務員は小田急でも会社の面子にかけて第一級の選抜者だけに、教習成績も良く、実務に入ってからも模範となるような勤務ぶりでした。

ある時、御殿場駅長と懇談したところ、駅長が「いや小田急の車掌にはびっくりしました」と言う。何事かと思って尋ねると、「乗り入れ列車が到着して、私が駅長室に引き上げてまもなく、車掌が駅長室に入ってきて『私は小田急の車掌の○○ですが、駅長さん下り○番線の軌道内にアッシュ（蒸気機関車から落した灰）が山になっています。さっき到着したキハを入れ換える時、床下エンジンでこすっているようなので、取り除いていただけませんか』と言われて驚きました。国鉄では車掌が車のエンジンのことなど、あまり気にしてないし、ホームに降りたらさっさと詰め所に引き上げてしまいます。担当してきた車両の入れ換えを見守って、エンジンに灰がかかるのを心配してくる車掌は初めてです」と言われる。

そこで私たちは「そのとき運転士はどうしていたのですか」と質問しました。運転士はとかく他人と口をきくのがいやだ、という職人気質のものもいるので、先輩風を吹かせて車掌に押し付けたのではないかと、一瞬思いました。駅長は「いや、運転士はまだその時車両の床下点検中でした」後でその車掌の名前を調べてみると、若いがやる気のある男で、将来伸びるだろうと思われていた車

富士を背に新塗装のキハ5100（1964.1 松田付近）

小田原でＳＥ特急と並んだキハ5102試運転車両（1959.6）

掌だった。やはり後年運輸業務の幹部となりました。

　国鉄と私鉄とでは車掌・運転士の昇進経路も違い、物事に対する見方も違うと思いますので、一概には言えませんが、乗り入れ乗務員の気負いを感じさせる当時のエピソードです。

御殿場直通運転開始

　昭和30年10月1日、新宿〜御殿場間直通の特別準急列車の運転が始まりました。国鉄線ではこの年の7月から気動車による初めての準急列車が関西線名古屋〜湊町間に運転されていました。御殿場線のはこれに次ぐ気動車準急列車でしたが、小田急線内では特急扱いということで、「特別準急」という新しい列車種別が登場しました。小田急のダイヤでは急行は太い実線・特急は「―・―」で表示していましたが、この特別準急は国鉄の準急のスジをもらって「―‖―」で表示しました。

　この御殿場線乗り入れ列車は、現在気動車でなくなり、準急でもなくなったのですが、スジは歴史的意義を残して、そのまま同じ表示を継続しています。列車番号は御殿場線の続き番号を与えられました。小田急線内では別番号との意見もありましたが、錯誤を生じないよう同番号とし、若干

昭和30年10月の列車時刻			
列車番号	新宿発	御殿場着	
905列車	7：30	9：13	銀嶺
907列車	13：25	15：11	芙蓉
	御殿場発	新宿着	
906列車	10：35	12：20	銀嶺
908列車	17：40	19：26	芙蓉

の他列車番号の整理を行ないました。

　国鉄準急列車としては挿入的な列車番号も、次のダイヤ改正から2701レ〜に改められました。なお、小田急線も同じ列車番号に改められましたが、小田急では特急の列車番号に2000番代を使用していたので、2700番代はその点でも歓迎されました。

　在籍2両での運用は、平日1両使用・1両予備、土・日曜日は2両編成とし予備車なし、検査入場となると完全に予備車なしという状態になるので、3両目を造ることになりました。本来なら5003号になるところですが、前述のようにシートピッチに問題があるので、定員を減らし窓配置をやり直して、定員82名、シートピッチ1520mm、窓13個が11個に変更され、形式はキハ5100形となりました。エンジンはＤＭＨ17Ｂとなりました。これに伴いキハ5101が完成後、キハ5001、5001を逐次入場させ、シートピッチの変更工事を行ないましたが、窓とシートの関係が乱れてしまいました。

キハ5100形の増備

　昭和34年7月に1日2往復を4往復に増加することになり、4両目のキハ5102を増備しました。ダイヤ改正前の5月末に竣工しましたが、いくつかの改良点がみられます。一番大きな相違点は外部塗装が黄と青からクリーム色に朱色の帯と変更されました。これはＳＥ車登場以来黄と青は特急車のイメージから外れ、また、同29年の2200形以来、一般急行車も黄と青の塗装になっているので、この際、国鉄の準急気動車色に近い色としました。

　このほか、室内灯に蛍光灯を採用、貫通幌枠の取り付け、エンジンはＤＭＨ17Ｃとなりました。蛍光灯の採用は昭和20年代後半に採用した電車に比べると大分遅いのですが、これは電車の補助回路電圧が100Ｖだったのに対して、気動車の補助回路電圧は24Ｖだったことによる開発の遅れではないでしょうか。貫通幌枠の取り付けはその後在来のキハにも改造取り付けによって、幌連結ができるようになりましたが、車掌と車販嬢の移動にのみ使用し、乗客はほとんど使用する必要はありませんでした。この後、在来の3両も塗色の変更、蛍光灯化、幌枠取り付けなどの改造が行なわれました。

　昭和34年7月から1日4往復ダイヤとなり、列車名も従来からの「銀嶺」「芙蓉」に加えて、富士

３両編成の芙蓉号（1959.8 渋沢—新松田間）

山南麓の朝霧高原からとった「朝霧」、御殿場から箱根に入る長尾峠からとった「長尾」を列車名としました。これにより御殿場方面への旅客は増加し、脚光を浴びるようになりました。

昭和34年7月の列車時刻

列車番号	新宿発	列車番号	御殿場発	
2701列車	7：30	2702列車	10：43	銀嶺
2703列車	8：45	2704列車	12：23	朝霧
2705列車	13：30	2706列車	18：02	芙蓉
2707列車	14：30	2708列車	18：27	長尾

　加えてこの年の９月に皇太子殿下（現在の天皇陛下）が富士山麓の青年の家にお出掛けになり、行きはこの直通気動車にご乗車になり、新しいキハ5102を専用車とし前部に増結しました。

　この気動車も夏期輸送ではエンジンがオーバーヒートし、出力低下に悩まされました。また、当時は冷房が開発されておらず、窓を開けて風を取り入れていたため、しばしば床下のエンジンの熱風が吹き上げてくるのには閉口しました。

　昭和43年に御殿場線が電化されることが決まり、直通準急も電車に置き換えられることになりましたが、検討の結果、ＳＥ車の編成長を短縮して充当することになりました。そして、キハ４両は廃車売却と決定、関東鉄道で通勤輸送に勤め、第二の人生を送りましたが、昭和63年に全車廃車となり、33年の生涯を終えました。

第二の職場・関東鉄道で活躍する元・小田急のキハ

7）3000形／SE車誕生

高性能電車の開発

昭和20年、日本敗戦。戦争中の酷使に次ぐ酷使のため、鉄道車両は疲労困ぱいそのものでした。敗戦後は資材配給ルートも混乱し、生産はストップ。車両の故障は続出しますが、手持ち資材も底をつき、修理は思うにまかせずという状況でした。小田急でも所属車両80数両のうち、朝のラッシュの出庫両数26両という、破滅的な日もありました。

しかし、情勢がやや安定してきた昭和23〜24年ごろになると、戦前の輝かしい日本の鉄道に早く戻そうと努力するとともに、戦争により取り残された世界の進歩に早く追いつこうと、いろいろな研究が行なわれるようになりました。

まず、乗り心地の改善ということで台車のバネ系の研究が始められ、バネ下荷重の軽減というところからモーターのバネ上装架と伝達方式の改善研究、モーターの高速回転と軽量化・絶縁耐圧の強化、車体構造の軽量化、高抗張力鋼等材料の開発など、各分野にわたり進められていました。

特にモーターは釣掛式装架では、その半分がバネ下重量となるので、ハンマリング・アクションによりモーターは傷むし、線路もまた破壊されることから、モーターのバネ上装架台車の研究が進められました。昭和26年には日立のクイル台車、東芝の直角カルダン台車が試作されたので、従来の釣掛式車両との比較試験を行なうことになり、同年2月に小田急線の相模大野〜相武台前間で試験が行なわれました。

相武台実験（1951.2 写真提供・小田急電鉄）

また、私鉄経営者協会の電車改善委員会でメーカーの意見を求め、高速軽量で絶縁仕様をあげたモーターや、カルダン駆動の標準台車や、車体の軽量化などについて研究が進められました。その結果、昭和27年ごろから試作を含めて新しい技術が民鉄に採用されだしました。

さらに、日本鉄道技術協会では、高速運転の試験を狭軌では国鉄・東武・小田急、標準軌では阪急・近鉄などで行ないました。その努力の結果、阪神・東武では直角カルダン車が、ＷＮあるいは中空軸式のものが阪急・京阪などで取り上げられ、続いて名鉄・小田急・東急・南海・近鉄など大手民鉄で登場しました。

車体の軽量化についても高抗張力鋼を使用した車が近鉄・京阪・京王・京成などに現れるとともに、中梁をなくした構造のものが近鉄に、車体を完全にモノコック構造とした車が東急に出現するなど、昭和27〜30年にかけて民鉄界はまさに百花りょう乱でした。

小田急も当然高性能車の研究には熱心で、その結果昭和28年暮に車体と台車の軽量化を図った2100形が登場し、翌29年7月には高性能軽量カルダン車2200形が完成しました。17m2両固定編成ながら、加速は在来車の2倍以上、減速もぐっと高く応答性の速い電空併用のＨＳＣ−Ｄブレーキを我が国で初めて採用し、セルフラップ・ブレーキ弁の採用とあいまって、衝動はなく、空走時間も短く、運転士の扱いやすい車が出来上がりました。

新宿〜小田原60分運転をめざして

しかし、高性能軽量車の開発は2200形で終るものではなく、新宿〜小田原60分運転を目標とする、より高性能の究極の特急車を考えて、社内では車両・運転を中心とした研究会が発足しており、昭和29年からは国鉄技術研究所との共同研究が正式に始まりました。小田急が出した条件は新宿〜小田原間60分運転可能な高速車両ということでした。

ところで新宿〜小田原間60分運転とは、誰が言い出したのか今となっては明確ではありませんが、昭和21年に五島慶太は"大東急の鉄道復興10大構想"を樹立しており、その中に小田急線を箱根湯

8両連接の優美な姿のSE車（1960.3.20 渋沢―新松田間）

本に乗り入れ、東京から箱根への短縮を考えていました。

　昭和23年に新生小田急の社長となった安藤楢六は、より一層明確に新宿と箱根の密着を打ち出し、昭和25年に幾多の技術的困難を乗り越えて箱根湯本乗り入れを実現しました。運輸担当の重役であった山本利三郎はさらに明確に新宿〜小田原60分を目標とすると言明しました。60分の根拠は新宿〜小田原間約83km、これを60分で走れば83km/h。戦前の昭和8年12月から大阪の天王寺〜東和歌山間61kmを45分で快走していた阪和電鉄の超特急が平均速度81km/hなので、同じ軌間の小田急でも小田原まで60分で走れると考えたようです。

国鉄技術研究所と共同開発

　当時の国鉄技術研究所は、松平精・三木忠直など海軍で零戦の振動・銀河の設計など担当していた技術者たちが多くいて、所長篠原武司のもとで新たな目で鉄道技術に取り組んでいました。小田急と鉄研とは昭和29年10月から翌30年1月にかけて8回の研究会（SE会議）を開催し、基本構想が決められてゆきました。

　それまでの特急車は古くなると改造して一般車として使用する、いわゆる格下げが当たり前でしたが、今度の車は格下げをしない、しかも特急というものは10年使えば陳腐化して使い物にならないので廃車する。したがって今までのように不必要な丈夫さはいらない、という考えでした。

　また、戦前は早く走るためには大きなモーターを付け、丈夫な車体、頑丈な台車が条件と考えられ、それに対応して線路も丈夫にするというのが、特にアメリカあたりの考えでした。そのため、関西の私鉄で高速運転を指向して造られた電車には、重量50tを超える機関車のような重い電車もありました。

　電車の良い点は、機関車牽引と違って軸重が軽く、しかも均等分布に近付けられることです。しかし、軽いからこわれやすい、重いから丈夫だという間違った考えが一般的でした。お客様が多くて重いのなら、運賃をいただいているから良いが、運賃をいただけない車体重量がかさむのは、線路を痛めるし、エネルギーのロスでもあり、経営上好ましくありません。

　戦後、アメリカから先進国の技術者と称してた

緑の中，箱根に向かって一直線（1959.4 成城学園前—喜多見間）

くさんの人たちが来ましたが、中にはあやしげな人もいました。ある時、山本さんと鉄道車両講演会を聞きに行き、講演の後で「車両の軽量化についてどう考えるか」と質問したところ、「市電の車両を高速鉄道や地下鉄に走らせられますか」という答えがかえってきて、山本さんと顔を見合わせて唖然としたことを覚えています。アメリカの鉄道の衰退も分かるような気がします。

また、国鉄の島秀雄技師長も早くから、軽い軸重の車で高速運転を行なわなければ鉄道の発展はないと考え、陰に陽に小田急の考えをバックアップしていました。

連接車とモノコック構造

山本利三郎は、以前から連接車を推奨していました。昭和23年の暮、輸送事情の悪いなか、30時間かけて福岡の西鉄の500形連接車を見に行っています。三木忠直も、その研究室が出した車両編成構想案でも第3案だった連接車を押していました。しかし、鉄研の人の中にも保守や事故の復旧の心配をする人もいました。小田急側の委員は、当時劣悪な施設だった経堂工場で保守ができるか自信が持てない、現場に知られると猛反対が出るのでは、と心配する人もいましたが、山本利三郎の強い意志で決定しました。

また、飛行機と同様のモノコック構造とすることに異論はありませんでしたが、最終決定案が役員会で可決された後知らされた営業課では、せっかく1700形で広窓にしたのに、2300形に続いてSEも狭窓なのか、という不満がありました。しかし、軽量構造上やむを得ないのだとの説明で納得してもらいました。

車体の形状は、当然空気抵抗を少なくするため流線形とし、車体断面も卵形に近付けることには異論はなく、航空技術者出身としては当然の風洞実験で形状が決定されました。しかし、側面裾のスカートについては、空気力学的には付けた方が良いのに決まっていますが、日常保守の点からはないほうが良いので、前面のみとし、側面は付けないことで決定しました。

車体間の幌は、通路部分の内幌は当然ですが、車体外周と同じ外幌も空気力学上取り付けることを鉄研側が強く要望しました。これについては、台車上の処理、大きく特殊な形状であるため材質

両方の車体が一つの台車の上に乗る連接構造

や構造の問題、取り付け方法など、メーカーの意見を聞いて決定することにしました。

メーカー決定

具体的問題になると車両、電機、台車各メーカーの意見を聞きましたが、場合によってはこれらのメーカーを通して、さらに1次製品メーカーの意見を聞かないと決定できない問題もありました。結局、昭和30年1月に共同設計者として次のメーカーが決定されました。

車体関係は従来からの発注先である日本車輌と川崎車輌、台車はシュリーレン台車の近畿車輌、主電動機と駆動装置は中空軸カルダンの東洋電機、制御装置は各社遜色はなかったが最も軽い設計と思われる東芝電気、制動装置はHSC-Dを基本とし三菱電機となりました。

このメーカー決定は、純粋に技術的見地から決定され、優劣つけがたい場合はどちらが軽量化されているか、それでも決定出来ない場合のみ、過去の小田急との取引を考えて決定したものでした。

しかし、蓋を開けると内外ともに騒然とし、安藤社長のところには苦情・陳情が殺到したことは想像に難くありません。

例えば、車体メーカーは大東急グループが創り、小田急も株式を持ち、役員も送り込んでいる東急車輌を入れないのかとか、長年の実績のある主電動機および制御器メーカーである三菱電機が落ちたこと、しかも三菱電機は小田急の株式を積極的に所有していること、などから意外感が強かったのです。しかし、三菱の駆動方式はWN方式で当時はSEの設計条件に合わなかったし、制御器は基本的にユニットスイッチタイプを完全に脱却で

きず、軽量化の点で東芝・東洋にやや物足りなさを感じていました。その点、東芝は積極的で、制御器のコンタクターアームをアルミ鋳物にするなど超軽量化に努めていました。

台車は、長年の付き合いのあった住友製鋼がはずれましたが、住友の台車は鋳鋼製の頑丈な台車を得意としていたこともあり、台車の振動特性から松平精の車両運動研究室が推奨したシュリーレン台車が採用されたものでした。

当時としても、これだけ過去や企業間のしがらみを一切振り捨てた決断というものは歴史にのこる決断で、山本利三郎もさることながら、山本利三郎にすべてをまかせ、その後生じた一切の泥水を被った安藤社長の決断は見事でありました。本当の権限委譲というものを知らされました。

モックアップ作製

昭和30年2月から翌31年5月まで、鉄研の指導のもと小田急とメーカーとの共同設計は進められ、ＳＥ総合会議7回・同分科会29回が開催され、仕様大綱が決定されました。

この間、早くから山本はモックアップの作製を唱えていましたが、当時はモックアップの意義を感ずる人が少なく、お金の無駄使いだと陰口をいう人も社内にいました。しかし、前頭形状は風洞実験により数値的には決定されますが、やはりホームや踏切に立つ人が感ずる美しさを無視することはできない、という山本の主張にも耳を傾けるものがありました。また、運転室の広さ、見通し、運転機器の配置と扱い易さこそモックアップで決定されるものだ、という山本の意見は我々運転屋

にとってはありがたいものでした。そして、モックアップ作製を支援したのは、航空機を手掛けてきた三木忠直の意見でした。

実際にモックアップ作製は、第1次が9月22日に決定し、その後第2次・第3次と分科会で検討され、11月11日に総合会議で大要が決定という具合に、2度3度と手直しが加えられ、形状や前照灯、標識灯の位置などが決定されました。

また、モックアップは日本車輌蕨工場で作られましたが、安藤社長ほか役員に、異例の現地への視察を願ったことは、百聞は一見にしかずで効果は相当にありました。

風洞実験は、数値把握上、相当効果がありました。扉を外壁と面一に出来ないか、という意見が出ましたが、当時はまだプラグドアなど発想のかけらもありませんでしたし、強いて航空機の方式を採用すると重く複雑になり空気力学的損失を上回るということで、あのタイプに決定しました。

オルゴール電車

"オルゴール電車"とあだなが付けられたあの補助警報器は、驚かせる汽笛より電車の進行を気付かせる汽笛ということで始められたものですが、種々試行錯誤の結果、ビブラホーンの繰り返し音をテープにとりスピーカーから流すことで決定しました。

一方、監督官庁である運輸省は、汽笛・警笛というものは常に同じ音量でなければならない、もし通常の空気笛が故障して鳴らなくなった時、テープ汽笛の音量が小さく事故を起こしたならばテープ汽笛の存在そのものが論議されるし、テープ

モックアップ（1955.12 日本車輌蕨工場）

ほぼ車体が出来上がったＳＥ車（1957.3.29 日本車輌蕨工場）

製造中のSE車と製造中に行なわれた強度試験の状況（1957.1.15 日本車輛蕨工場）

が切れた時はどう対処するのかが問題となりました。また、警察の方からは、常時鳴らして走ると騒音公害にならないか、沿線住民がこのテープ汽笛に対して感覚が麻痺して、それがために事故とならないか、という意見が出ました。当初、会社が考えていた以上に難しい問題となりましたが、結局、テープ汽笛は補助警報器ということで認可されました。

社内の車両委員会

昭和30年2月から設計会議が開かれたことは先に述べた通りですが、並行して社内に澁谷常務を委員長とする車両委員会が設置されました。ここで社内のコンセンサスをとり、設計会議に反映させようと思ったのですが、これが逆に足を引っ張る結果となってしまいました。非常に突出した技術的構想が、一般の人々には理解してもらえなかったようです。些細な問題を大きく取り上げ紛糾の種をつくる人もいたとか、私はちょうど現場の電車区勤務となり、混乱のニュースが耳に入ってくるたび、切歯やく腕の状態でした。

これより前、2200形の軽量車が出来た時も「軽量車、軽量車というが2200形2両で自重は61 t、1600形MTで63 t、あんなに一生懸命やってたった2 tか」といった課長がいました。性能が1600形をMMにしても追いつかないほど、飛躍しているのを無視しての比較中傷、ましてそれ以上に飛び抜けた性能を持つSE車も十把一からげの比較なのです。

例えば、重心を下げるため客席床を低くしましたが、運転士の床の高さも10cmほどレールに近くなっただけなのに「運転中踏切事故に遭ったら運転士の命が危ない」と反対する。

また、運転室と客席の間の仕切扉の開き勝手が逆で「とっさの時に運転士が逃げ遅れる」というので開き勝手を逆にすると、「車掌はどうなるのだ」とくる。結局、設計者が知恵を絞ってどちら側でも開く構造にして、運転士の時は左ヒンジ、車掌の時は右ヒンジとしてやっと納めました。しかし、使っているうちに扉が重いし、右左にこだわる問題でもないということで、実質的には一方向に固定使用となり、昭和43年の5両化改造の時に完全に固定されています。

このようなつまらない問題の続出で、ちっとも

試運転列車が箱根湯本に到着。各部を点検する小田急とメーカーの係員（1957.5）

まとまらない。ついに山本も30年秋ごろには投げ出して休会となってしまいました。

その後の昭和31年3月、国鉄は新宿から小田原・熱海・伊東方面行き週末準急10両編成列車の運転を発表しました。なんといっても当時は国鉄の方が力関係ははるかに強かったので、小田急にとってはまさに「黒船来る」という状態で、社内は一挙にSE車を早く造れという声にまとまりました。外圧がかからないとまとまらない、これは我が国民性でしょうか。

車両メーカーから経堂工場に到着したSE車（1957.5.23）

SE車の高速試験

SE車の第1編成3001〜3008が、昭和32年5月20日（6月5日の記録もあり）経堂工場に到着しました。その優美な姿は、たちまち社員から鉄道ファン、そして沿線の通勤者へと噂は広まっていきました。6月27日にお披露目の展示会が行なわれ、関係者の注目を集めるとともにマスコミによって広く世間に知れ渡りました。7月6日から3001〜3008と3021〜3028の編成が営業を開始しました。

3011〜3018の編成もやや遅れて完成しました。というのは、SE車の製造中、小田急線では線形の関係から最高120km/hがせいぜいと考えられていました。ところがSE車の平坦線での均衡速度は、147.5km/hという設計になっていました。

設計に参画した小田急の関係者はもちろん、指導にあたった鉄研の方々やメーカーの技術者たちも設計最高速度に近い速度での試験が行なわれればと、口にこそ出さないが一様に希望していました。そこで、国鉄の最高幹部と小田急の役員が協議し、国鉄東海道線で私鉄の電車が高速試験を行なうという、国鉄85年の歴史上、古今未曾有の事

柄が行なわれることになりました。

そして、昭和32年9月、小田急社長と国鉄総裁間でSE車の試験のための貸借についての契約書が交わされました。

しかし、これに至るまでは紆余曲折があり、すんなりとはいきませんでした。試運転ですから不測の事態となることも無視できません。その場合の補償の問題、SE車は信託車両なので最終所有者は信託会社であるという問題、自社線内ならともかく他社線内で事故を生じた場合株主から役員が提訴されないか、という問題などなど、弁護士ら専門家の力を借りて一つずつ問題を解決して契約にこぎつけました。

一方では、試験をする区間をどこにするか、速度はどんなふうに上げていくのか、データの採取と整理は鉄研がやるにしても補助者はどのくらい必要か、踏切や駅構内での保安強化は、試験の総指揮者は誰か、SE車を約1週間、国鉄の基地に留置するが、その間の警備はどうするかなど技術的問題も山積しており、短時日に解決しなければなりませんでした。

狭軌電車世界最高速度を樹立

昭和32年9月19日、SE車を小田原経由で引渡し、20日から東海道本線の大船〜平塚間で高速試験を行ないました。25日夜半から26日早朝にかけて最高速度143km/hを記録、翌27日には丹那トンネルを越えて函南へ回送されました。

そして、27日の11時31分、函南を出発、三島到着後、沼津へ向けて11時43分から当日第1回の試験に入り、2往復ほど走行試験を行なった後、函南へ戻りました。

13時50分、函南を沼津へ向けて発車、いよいよ最高速度試験に入ります。このころは、朝方に降っていた雨も上がり、日もさすよい天気になりました。三島を100km/hぐらいの速度で通過、ぐんぐん加速、ついに145km/hの狭軌電車の世界最高速度記録を樹立しました。ちなみに、それまで国鉄が持つ記録は、昭和29年12月に東海道本線の木曽川鉄橋上でC62形蒸気機関車が出した129km/hが最高でした。

SE車による試験結果は良好で、横圧は小さく最大値でも2.5tと在来値の4t前後をはるかに下回り、脱線係数も小さく相当の速度向上の余地が

東海道線白糸川鉄橋上のSE車。根府川付近の海岸線に道路はない（1957.9.27）

函南駅に待機中のSE車。残暑酷しい日だった（1957.9.27）

あると判断されました。一方、日本で初めて採用したディスクブレーキは未知の点も多く、145km/hからのブレーキ距離は1000mを超えてしまいましたが、ブレーキ圧力を上げれば相当短縮出来ると報告されました。

問題というか、今後の研究課題はフランスで昭和30年に最高速度331km/hを出した時もそうであったように、電車線に対するパンタグラフの離線率が高くなることでした。ともあれ十河総裁の唱える東京〜大阪日帰り特急と、安藤社長・山本利三郎技師長の新宿〜小田原60分運転への目処がついたわけです。

試験を終了した3011〜3018の編成も小田急線に帰り、整備された後、10月1日から営業線に入り、3編成で特急を担当するようになりました。速度記録がマスコミで広く取り上げられたせいか、特急客は急増しました。

2300形もしばらく特急車として残りましたが、完全な脇役でした。そして、昭和34年2月にSE第4編成が増備され、特急はすべてSE車となりました。2300形は2扉セミクロスシート車に改造され、姉妹形式の2320形とともに、座席指定の週末準特急列車に充当されることになりました。

先端技術の積極的採用

　ＳＥ車は斬新な構想でスタートしただけに、当時の先端技術を積極的に取り入れました。車体のモノコック構造、ディスクブレーキ、シールドビーム前照灯、補助警報器など日本最初の実用化といわれるものも少なくありません。

　モノコック構造は、東急の5000形などの先例もありますが、当時使用されだしたストレインゲージを使用して圧縮・曲げ・ねじれなどの場合の応力を測定し、中央部の下がった台枠はキーストンプレートと側梁に車端圧縮荷重を持たせました。側板は、従来2.3mm厚さの鋼板を使用していましたが、ＳＥ車では1.2mm厚さの耐食鋼板を使用し、押し出しヒダを付けました。

　ディスクブレーキは、自動車では使用されていましたが、鉄道車両のように高速大重量のものに対する実績がありませんでした。ブレーキライニングも日本では研究を始めたばかりで、データも十分ではありませんでした。しかし、付随台車は従来のシューブレーキでは十分な効果が期待できないばかりか、シューブレーキ方式に固執すると、高速からのブレーキ距離を確保するために電気ブ

レーキに過度の負担がかかることになります。したがって、ディスクブレーキの実用化研究、特にブレーキライニングの研究開発を推進しなければなりませんでした。

　前照灯は運転法規上「前部標識灯」と言い、列車の前部を示す灯に過ぎないのですが、現実には明るく前方を照らさなければ、運転士は安心して運転出来ません。特に市街地を抜け、高速で走ろうとする電車では、前照灯が頼りです。従来、電車の前照灯は100Wの電球の光りを反射鏡で前方に照射していました。戦後、アメリカの自動車をたくさん見かけるようになると、どうも電車の前照灯の方が暗いし、遠くに行くと光りが拡散する、という気持ちがあり、声には出ないが運転士はそう感じていました。高速運転を指向するとなると前照灯の改良が研究課題となります。

　従来の前照灯は、前面ガラス（レンズ）の枠を開け、電球を取り替える方式をとっていました。そのため、反射鏡の焦点に電球のフィラメントコイルの位置を合わせ、レンズを適正位置に調整することは無理で、どうしてもある程度の焦点ボケは我慢せざるを得ませんでした。

　これに対して自動車の前照灯は、シールドビー

玉川学園の隧道にさしかかる。写真の跨線人道橋も現在では架け替えられている（1959.4）

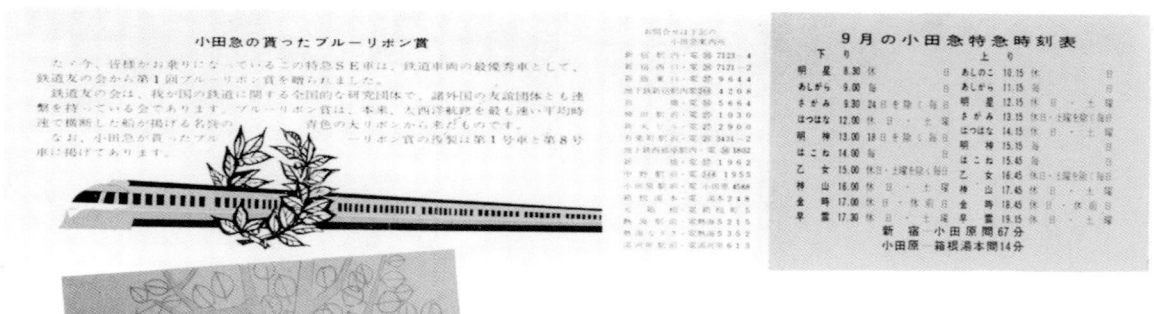

小田急の貰ったブルーリボン賞

ただ今、皆様がお乗りになっているこの特急SE車は、鉄道車両の最優秀車として、鉄道友の会から第1回ブルーリボン賞を贈られました。

鉄道友の会は、我が国の鉄道に関する全国的な研究団体で、諸外国の友道団体とも連繋を持っている会であります。ブルーリボン賞は、本来、大西洋航路を最も速い・平均時速で横断した船が掲げる名誉の青色の大リボンから来たものです。

なお、小田急が貰ったブルーリボン賞の複製は第1号車と第8号車に掲げてあります。

9月の小田急特急時刻表				

ロマンスカー車内で
配布されたパンフレット

小田急ロマンスカーのメニュー			
日東紅茶	ミルクティー	45円	紅茶付き洋食ずし 150円
	レモンティー	45円	幕の内弁当 150円
コーヒー		45円	ニッカウヰスキー（180cc） 120円
明治コーンアイスクリーム		50円	特級 〃（180cc） 330円
洋菓子（2個付き）		60円	一級ホワイトベア（720cc） 730円
紅茶付き洋菓子		100円	ウイルキンソン炭酸 35円
〃 カツサンド		150円	おつまみもの 30円
〃 ハムサンド		150円	

ムと言い、前面ガラス・コイル・反射鏡から成り立っています。シールドビーム型前照灯は、前面ガラスと後方の反射鏡をシールドして一体化し、中に不活性ガスを高圧封入します。したがってフィラメントコイルは電球でなく、そのまま封入されています。いわば前照灯が一体の電球のような構造になっているのです。当然、光束はビーム状になり遠くまで届きます。

　SE車では、このシールドビームを使用することにしました。ただし、このままだとすれ違う列車がまぶしいので、副コイルを設け足踏みスイッチで前方下方に減光照射します。なお、反射鏡および前面ガラスの形状により希望の散光を得ることもできます。ゴムタイヤの自動車に比べ、鉄輪の鉄道車両の振動は固いので、その点が注意されました。

　また、昔の電車の補助回路はMGの採用以来DC100Vが一般的でしたが、蛍光灯の採用などによりAC200～220Vなどが使用されるようになりましたので、シールドビーム前照灯は自動車並みの24Vで使用しています。

　なお、シールドビーム2灯を左右に分けないで中央に寄せて配列したのには二つの理由がありました。一つは流線形にしたため、左右に分けるとフィラメントコイルの位置が筒の奥になり、放熱と結露の問題が未解明であったこと、突出させると空気抵抗が大きくなるのでさせたくない。した

がって、中央・流線形の頂点に位置させようということでした。

　もう一つは、左右に分けた前照灯のうち一灯が消灯したら、どの線路を走ってくる列車か解らない。やはり前照灯より法規上の前部標識灯の観念を尊重すべきだ。という、ある筋の意見も無視出来なかったのです。現在では一般車でも腰の位置に左右に分かれて前照灯を配置する方が多くなっています。やはりここにも時の流れを感じます。

見送られた冷房装置

　このように当時の新しい技術を積極的に取り入れ、日本で最初に採用したものが少なくありません。しかし、一方では研究したが採用出来なかったものもあります。

シールドビームを鉄道車両で使ったのは日本最初

箱根湯本に到着直前。平行する国道一号線に車の姿がない。時代の変遷を感じる一コマである（1958.3）

　前頭形状ですが、風洞実験により決めたと書きましたが、実はもう少し上に絞った形状にすればなお良いことは分かっていました。しかし、当時の日本のガラス製造技術では円筒曲面は出来るが、円錐曲面はロール出来ないということで、前面ガラスの製作技術からあの形状になりました。円錐曲面ガラスを使えば、美観上も多少よくなったのではないかと思います。しかし、最近の車両には大きな特殊形状のガラスが使われ、技術の進歩の早さに驚かされます。

　採用したかったけれども、どうしても採用出来ず、後日改造を2回もして取り付けたのが冷房装置です。当時も鉄道車両用冷房装置はありました。戦前から特急の一等車にも冷房がありましたし、戦後も進駐軍車両にはいち早く冷房が付いていました。しかし、これらの冷房装置は床下に吊り下げられた重いもので、軽量化を狙うSE車には不向きでした。

　また、冷媒に使うフロンガスも一般的ではなく、値段も高価でした。そこでドライアイスを冷媒とする軽量化された冷房装置を考えましたが、当時はドライアイスは東京では常時手に入るようになったが、小田原や箱根では手に入らない。もし、どうしてもと言うなら陸送しますが、という返事

でした。そこで氷を冷媒とする装置を検討しましたが、目方はそれほどではないが、容積が大きくて載せられないし、効率も良くないということで冷房は諦めてファンデリアで我慢しました。

　当時、オフィスビルに取り付けられたウインドクーラーを改良して電車の屋根に載せた「こだま形151系」特急電車が国鉄に登場したのは、33年11月のことでした。

SE車の色彩と編成

　SE車といえば、赤とグレイの強烈な外装塗色が目に浮かびます。当時、暗い色の多かった鉄道車両の中で、一際目を引いたものでした。高速運転を目指す特急電車として、一度乗ってみたいと思わせる色であること、同時に踏み切りやホームにいる人たちに特急の接近・通過を早く知らせる警戒色であることも大事なことです。

　そのため、SE車の塗色は、当時新進気鋭の画家であった宮永画伯に依頼し、いくつかの案を出してもらいました。宮永画伯は、展覧会でいくつかの賞をとるかたわら、小田急の丹沢などの宣伝ポスターも手掛けており、その縁でお願いすることになりました。採用された赤・白・灰の色相と配列は、それまでの電車の色の固定概念を打ち破

るものでした。

　室内は、天井を白、羽目は明るいデコラ張りとして、窓上カーテンキセの上部に赤い色を1本通しました。座席は濃いブルー地ですが、これは枕に白いカバーを被せたときの効果を考えたものでした。

　SE車を最初に考えたころは、全長108m、定員354名という編成はシーズンオフには長すぎないか、という意見が多くありました。そこで8両連接を5両連接にして営業できるように設計されました。実際に5両連接で営業している姿も見たことがありますが、ほとんど8両で運転し、5両にするほどお客が少ない状態はなかったと言ってもいいでしょう。そのため、第4編成から5両運転の回路はなくなりました。

新宿～小田原間60分台に

　昭和34年3月、第4編成3031～3038が完成して特急はすべてSE車となりました。特急から釣掛駆動の1700形が排除され、カルダン車の2300形とSE車になった32年5月に新宿～小田原間75分に

成城の切り通しを快走する（1957）

断面が丸型の蛍光灯カバー。ファンデリア，枕カバーは未装着

使い良くなった喫茶カウンター。喫茶ガールの服装に御注意を

なって以来、逐次スピードアップを行なってきましたが、この34年4月のダイヤ改正では、特急をすべてSE車に統一できたため、新宿～小田原間67分と待望の60分台に突入しました。なお、特急運用から外された2300形は、前に述べたように2扉セミクロスシートに改造されました。また、このダイヤ改正から平日・休日ダイヤが分離され、一層旅客の流動に即応したものになりました。

　35年3月のダイヤ改正では、さらに1分短縮し66分となりました。特急の1日の設定本数は新宿発下り朝8時から、湯本発上り夜20時13分まで30～90分時隔の16往復となっていました。当時は、まだ列車1往復ごとに異なる列車名をつけていましたので、まさに百花りょう乱の風情でした。その列車名を列記してみましょう。

昭和35年当時の列車名

あしのこ	明星	あしがら	さがみ	大観
仙石	はつはな	湯坂	明神	はこね	乙女
神山	うばこ	金時	早雲	夕月	

8）御殿場線乗り入れSSEへの改造

御殿場線の電化

　昭和43年7月に御殿場線が電化されました。御殿場線は、東海道本線新橋～神戸間全線開通（明治22年7月）の半年前の明治22年2月、東海道本線として国府津～静岡間が開通しています。

　徳川時代、旅人や参勤交代の大名行列が歩いた東海道は、小田原宿から三島宿へは箱根越えの難所を通らなければなりませんでした。当時の東海道は現在と違って箱根湯本から巣雲川沿いに畑宿から箱根町の関所を通って三島宿へと下っていったのです。余談になりますが、今の国道1号線の宮の下・小涌谷・芦の湯のルートは、明治20年の塔の沢～宮の下間、明治37年の宮の下～芦の湯～箱根町間の新道によるものです。

　ところが鉄道を通すとなると、勾配が強くて、とても旧東海道沿いには線路が引けません。そこで国府津から酒匂川沿いに松田・山北と進み、富士山と箱根山の間を抜けて御殿場まで上り、後は一気に三島宿の北を通って沼津へ出るしかありませんでした。それでも急勾配と急曲線の連続で、

明治のころは3台の蒸気機関車を編成の前と後ろと中間に連結し、やっとのことで上ったと聞きます。大正初期にはドイツとアメリカからマレー型という特殊構造の強力な蒸気機関車を購入したこともありました。日本の大動脈東海道線一の難所でした。

　昭和9年12月に16年の歳月を費やして丹那トンネルが開通して、東海道本線は熱海・丹那トンネル経由となり、輸送の隘路がなくなりました。そして御殿場線と名を変えたこの線は静かなローカル線となりました。戦時中はレールなど機材を他に転用するため単線にするなどしました。戦後、小田急が戦時中に計画され実現しなかった小田原線と御殿場線を松田でつなぎ、気動車による直通運転を始めたのは前述の通り昭和30年でした。

　昭和39年には東海道新幹線が開業、東京オリンピックの開催、高速自動車道の開通など日本も急速に変化していきました。国鉄も電化とディーゼル化により全国的に動力の近代化を図っていましたが、御殿場線は勾配が急なため気動車化できず、蒸気機関車の天下で動力近代化が遅れましたが、

3000形／SE-SSE　新旧編成の対応

新　3001 - 3002 - 3003 - 3004 - 3005
旧　3001　3002　3006　3007　3008
＊日本車輌、大井川鉄道に譲渡

新　3011 - 3012 - 3013 - 3014 - 3015
旧　3011　3012　3016　3017　3018
＊川崎車輌、1989年5月廃車

新　3021 - 3022 - 3023 - 3024 - 3025
旧　3021　3022　3026　3027　3028
＊日本車輌、1992年3月廃車、現在は海老名車両基地に保存

新　3031 - 3032 - 3033 - 3034 - 3035
旧　3031　3032　3036　3037　3038
＊川崎車輌、1992年3月廃車

新　3041 - 3042 - 3043 - 3044 - 3045
旧　3015　3005　3013　3004　3014
＊3013、3014、3015：川崎車輌、3004、3005
　　　　　　：日本車輌、1992年3月廃車

新　3051 - 3052 - 3053 - 3054 - 3055
旧　3035　3025　3033　3024　3034
＊3033、3034、3035：川崎車輌、3024、3025
　　　　　　：日本車輌、1992年3月廃車

注）　旧3003、3023は廃車。新3041、3045、3051、3055は中間車からの改造先頭車

5両編成に改造の際，正面のスタイルがだいぶ変わった。踏切事故対策のバンパーは相撲のまわしのようだという人もいる
（1987.12.31 秦野―東海大学前間）

昭和31年、強力型気動車の開発により蒸気列車から気動車列車に置き換えられていきました。それでも10年後には周辺の線区がすべて電化され、御殿場線のみ取り残される状況になり、車両・乗務員の運用にマイナス面が強くなってきましたので、昭和43年には電化されました。

SE車　5両編成改造

その1年前の昭和42年、小田急では御殿場線電化後、乗り入れ車両にSE車を使用することに決定しました。しかし、今までキハ5000・5100形の単車か2両連結で運用していたものを、いくらなんでも8両というわけにはいきませんので、8両編成のSE車4本を5両編成6本に組み替えることにしました。

しかも、SE車は特急「さがみ」などに運用中でもあり、また一気に全車止めても工事ができるわけでもないので、まず8両編成の中間車M3～M5を抜いて5両編成4本を作りました。5両編成となったSE車は、ショート（短い）SEという意味からSSEと呼ばれるようになりました。また、はじき出された中間車12両を使用して、S

SEを2本作成しましたが、3003と3023の2両は廃車しました。

SSE化の主な改造点は、トイレ、喫茶スペース、歯車比および連結器の変更などです。

トイレは従来2カ所ありましたが、編成が短くなったので、元7号車のトイレを整備し、さらに山側に男子小便所を新設し、2号車はトイレを撤去し客席のみとしました。また、元6号車の喫茶はNSE車に準じ、コーナーの一隅を全室喫茶スペースに拡大しました。

また、御殿場線の25‰連続勾配に対応するために歯車比を78：21＝3.71から80：19＝4.21に変更し、弱め界磁3段を4段としました。また、車輪直径は従来840mmという特殊な寸法でしたが、860mmの一般的な寸法に改めました。

2編成を連結すると全長140m・定員444名となり、NSEやLSEとほぼ同じになるので、小田原線での使用を考え、今までの非常用の簡易連結器でなく、電気連結器付きの密着連結器を設置し、周囲をカバーで覆いました。前照灯は等間隔に離して外側に配列し、中央にNSEと同じ電照式愛称板を設置しました。冷房装置は床置形から天井

3021×5編成の復元工事（1993.2.24 大野工場）

式に変更しました。塗色もNSEに準じたものとして、グレイの色相もやや変わりましたので、感じは大分変わりました。

御殿場線直通用としては、団体輸送でもない限り2運用2編成でまかなえましたので、残りの編成は小田原線・江ノ島線特急に使用されました。

3000形の保存

昭和58年には、蒸気列車保存運転で有名な大井川鉄道の要請により、3001の編成を譲渡しました。大井川鉄道では急行列車や団体列車に使用してから、歴史に残る車両として千頭駅構内で保存していましたが、最近、解体されてしまいました。

小田急に残ったSE車5編成のうち4編成は、昭和59年に経年劣化対策として車体工事を行ないました。老朽部分の補修、側扉の交換と電動ロック化、外幌のLSEタイプへの変更、天井・内羽目・座席表地の変更、側窓の固定窓化などの工事でした。そして、工事対象から外された3011の編成は休止車両となって、経堂に留置されていましたが、昭和62年3月に廃車となりました。その後、

5月に留置場所を海老名へ変更しました。

新宿～御殿場間の特急は1日4往復運転で、SSE3000形2本を使う運用でした。したがって6編成時代は4本の編成が余り、検査入場のほかは「さがみ」「あしがら」「えのしま」に使用され、さらに特定日には多摩線唐木田～片瀬江ノ島間に「江ノ島鎌倉エクスプレス」や「湘南マリンエクスプレス」などが運転されました。

平成3年3月16日のダイヤ改正から、御殿場線乗り入れは新宿～沼津間相互直通と変わり、使用車両も小田急は20000形、JR東海は371系と変わりました。これによりSSE3000形は、小田急線内だけの使用となりましたが、実際にはほとんど営業につかず留置状態が続き、平成4年3月をもって全車廃車となりました。しかし、1編成は永久に保存することが役員会で決定し、しかも新宿方の前頭を昔の形に戻すことになりました。このため、3021の5両編成が大野工場で改造工事に入り、平成5年3月に完成。関係者やマスコミに披露されたのち、海老名に回送され収容庫の完成を待って、永久に保存されました。

9）前面展望室の3100形／NSE

SE車から国鉄151系・新幹線へ

昭和32年に速度記録を出したＳＥ車によって、日本国内では、電車の地位が飛躍的に向上しました。従来、電車は都市および近郊の補助輸送機関といった考えでしたが、これを機会に長距離幹線輸送の表舞台に躍り出ました。日本経済が上向きに転じてから国内のビジネス客の流動も高まってきました。国鉄の特急も一部の特権階級のものから、これら経済の流動に起因する一般客に対応しなければ、取り残されてしまいます。東京と京阪神の二大経済圏の間に日帰り特急を走らせ、流動するビジネスマンに対応すべきだというのが、昭和30年５月に就任した十河総裁をはじめとする人人の意見でしたが、なかなか時代の流れを認めよ

うとしない人が多かったのも事実です。

昭和32年５月、ＳＥ車が完成する１カ月ほど前、鉄道技術研究所がＳＥ車研究の際に得たノウハウを基礎として、銀座山葉ホールで「超特急列車東京〜大阪間 ３時間への可能性」という講演会を開催しました。物凄い反響がありました。前の年、ＥＦ58がひく特急「つばめ」が東海道線全線電化により、東京〜大阪間を戦前からの８時間運転の壁を破って７時間半運転となり、喜んでいた時代なのです。東京を朝の９時に出て、大阪へ16時30分に着くのでは、その日は列車の中です。もちろん仕事にはなりません。現在のように朝６時に東京を出るなんて考えは毛頭ありません。しかし、経済社会の隠れた要望はあったのでしょう。だから「東京〜大阪３時間」が物凄い反響を呼んだの

オリジナル時代のＮＳＥ（1977.11.3 渋沢—新松田間）

ＮＳＥは前面展望室の特急として登場。子供だけでなく大人にも好評だった（渋沢―新松田間）

でしょう。

　昭和28〜29年ごろ、相次いで私鉄では高性能軽量車が開発投入されました。私鉄に先を越された国鉄も高性能軽量電車の開発に入り、32年に中央線に新性能軽量電車を投入、翌33年11月には国鉄としては画期的とも言える電車特急「こだま」を新造し、東京〜大阪間６時間50分で走るビジネス特急の運転を開始しました。東京〜大阪間が６時間台に突入したこと、国鉄史上初めて電車特急が、しかも最重要幹線である東海道線に登場したのは画期的なことで、この日から補助輸送機関と見られていた電車がランク１位に躍り出たのです。

　また日本経済の上昇を受け、私鉄界でも近鉄が２階建て連接特急10100系を、東武がＤＲＣ1720系を、南海が「こうや」号20000系を投入するなど、最新の技術を取り入れた特急車両が相次いで新造され、花盛りとなりました。

　一方、明治時代の広軌改築論以来の広軌新幹線計画が着々と進んでいました。昭和34年４月、新丹那トンネル東口で行なわれた起工式以来、用地買収・工事と計画に従って進められていましたが、39年に日本で初めてのオリンピックが開催される

のに合わせて新幹線を開業することになり、39年10月１日、天皇陛下をお迎えして開業式が行なわれました。

ポストSE車の構想

　このような急速な時代の変化、また経済の発展とともにレジャーもまた盛んになり、箱根温泉も一部の人々の湯治場というイメージから完全に脱却して庶民のレジャーゾーンとなり、緑の山と青い湖に自然を求めて日帰り客も増加していきました。箱根特急ＳＥ車も４編成では不足気味となり、有効時間帯では列車定員の増加が要望されるようになりました。

　一方、昭和35年以来工事中だった小田急新宿立体駅は徐々にその姿を現し始めました。その有効長は17.5m車の８両編成を予定していました。そこで小田原・箱根湯本のホーム延伸を併せて行なうことで、編成長140m（17.5m車８両長）の新特急の新造を決定しました。最初は、ＳＥ車に中間車を入れて10〜12両編成にしようという声も一部にありましたが、「特急車というものは企業の看板である」「常に斬新な姿でアピールしなければなら

ない」という見地から、ＳＥ車の基本思想は踏襲するが、社会的欲求から一層のデラックス化を図った車の新造と決定したのです。

基本設計思想は、

1. 連接車とする
2. 軽量高性能とする
3. 低重心構造とする
4. 冷房装置を取り付ける
5. 前面展望性はさらに良くする
6. 側窓は冷房化により開閉しなくなるので広窓とし、展望改善を図る
7. 室内のデラックス化を図る
8. 編成全長は140mとする

ということで具体的設計に入りました。

なお、新特急車の形式は3100形とし、新しいＳＥ、ニューＳＥという意味でＮＳＥと呼ぶことになりました。

前面展望室の実現

前面展望は子供たちの喜ぶところで、昔、帝都電鉄や東横・京浜電車などでは、運転席の右側客席が一番前の窓まで接しており、最も好まれる席でした。戦後は混雑対策から運転室が車幅全部を占めるようになり、子供の特等席はなくなってしまいました。ロマンスカーは子供たちのあこがれの車です。一番前に座って眺められたら万歳です。

実は、運転室を2階に上げ、前面を展望室とする案は大分前からありました。昭和26〜27年ごろ、バネ下重量の軽減研究と台車研究のため、試験車を造りたいと提案しました。台枠は戦災国電のものを使用し、車体は新造、台車はメーカーの試作台車を適当に使用するということで構想をたてましたが、会社の経理・財務上の理由であっさり否決されました。その時の山本利三郎のスケッチが、車体中央上部に2階運転室を持ったもので、戦前のフランスで活躍していたブガッティの気動車のようなものでした。

その後も、前面展望案はなかなか理解を得られませんでした。というのも、今と違って踏切事故が頻発していたことにもよります。また、現場は保守的なものなので、最初に2階運転室の案を出すと、一遍で否決されてしまいますので、雑談で、今で言うと伊豆急のリゾート電車のような客席より低い運転台の案を出したら、「踏切事故で運転士

を殺すつもりか」と血相変えて詰め寄られました。そこで「2階なら良いだろう」と案を示すと「それなら良い、しかしお客さんは危険ではないか」というので、「今の運転士と同じ高さだよ、今危険なのか」というと黙ってしまいました。

しかし、昭和33年に造られた国鉄のビジネス特急151系では運転席が高い位置に上がりました。ただし、お客様の前面展望という考えはありませんでした。戦後、日本でベスビヤス特急という呼び名で紹介された、イタリアのＥＴＲ300セッテベロ特急電車は2階運転室で、前面展望室となっていました。

我々は、なんとかこのような電車を造りたいと思っていましたが、日本の車両限界は特に上方に対して窮屈で、1階展望室の天井が低くなってしまいます。このころ、名鉄でも同じ考えで特急車の研究をしていましたが、やはり高さの問題で苦労したそうです。そして名鉄では運転室の出入りは車体外部からせざるを得ないのだという情報が入ってきました。小田急としてもなんとか実現させようと研究を続けました。

幸いなことと言えば、低重心構造車両のため、展望室の床面高さは1000mmで、一般車より100〜150mm低いことでした。竣工は名鉄に一歩先を越されましたが、運転室への出入りは客室から行なう形で出来上がりました。展望席は好評で、特に夏休みなどはお子様ですぐ一杯になる盛況でした。調子に乗って別途展望席料金を取ったら、という

ＮＳＥの運転室の設計で最も苦労したのは昇降口だった。室内から昇降し、昇降が終ったら梯子の一部を引き上げて展望を阻害しないように工夫された

声もありましたが、あくまでもお客様へのサービスということで現在も続いています。ただ難点は、夏の西日をまともに受けるので、冷房容量が不足がちになることです。かといってカーテンをするわけにはいかないのが悩みの種です。

2階運転室実現へ向けて

運転室を2階にすることで、運転士の姿勢に無理は生じないか、運転士・車掌間の連絡は取れるのか、駅から運転通告券などを渡す時手が届くのか、展望室は良いが後ろの客席からの見通しは悪くならないかなど、疑問がたくさん出ることが予測されましたので、モックアップに現場のそれぞれの職種の人も呼び、検討しました。中でも問題になったのは、運転席の位置が後退したことにより、列車前頭直下の見通しが悪くなったことです。まだ構内旅客通路の立体化が完了していませんでしたから、ホーム先端の横断通路を人が歩いているのが運転席から見えないのではないか、構内で低い位置にある入換信号機や停止位置目標が見えるか、ということでした。そのため、モックアップで展望室の屋根を叩いて、随分平らにしました。当初のふっくらとした感じが平べったい感じになり、デザイン屋さんは嫌な顔をしていましたが、安全優先でやむを得ません。

また、入換信号機は位置を高くすると建築限界を超えるので高さ変更はしない、見にくい構内は展望席の簡易運転台で行なうことでカバーする、としましたが、結局は簡易運転台はあまり使われず、実施にあたっての知恵でうまく処理し、杓子定規の検討は計画段階のみで終ったようでした。

ただ、停止位置目標は一般の運転士が幾日振りかで担当するので、より分かり易くということで

国鉄の151系を見習い、高い柱を立てその脇から腕を出すなどの方法がとられました。

しかし、モックアップで解決できない問題もありました。それは運転台が高くなることによって信号の見通しが変わることです。そのため電気機関車の上に運転台と同じ高さ・同じ位置に木組で椅子と窓を造り、電車区の指導助役を乗せて全線を走らせ、信号の見通しを調べました。そして、新たに陰になりそうなホームの上家、庇、立木、跨線橋などに対して問題解決の方法を探りました。この電気機関車の上に組んだ木組が鳩小屋に似ているところから、鳩小屋試験と呼びましたが、部外者は"電車と鳩"が何のことだか分からず、目をきょとんとさせていました。

一番苦労したのは、運転室への階段でした。階下から階段塔を組み立てるのは簡単ですが、展望席が減少し、後方からの見通しが悪くなるのです。運転席は完全に2階にして、運転士が席に付いたら梯子を引き上げてしまう方法ですが、右側が良いのか、左側が良いのか、窮屈な姿勢で梯子が引き上げられるか、緊急時に簡単に車内・車外それぞれに脱出できるのか、初めてのことなので苦労しました。

その後、LSE、HiSEと順を追って運転室も広くなり、階下の天井高さも取れるようになりました。どうもこういう事は初めから最上の作品はできず、造ってみて、試してみて、だんだんと良い作品となっていくようです。

なお、一般の電車では最後部の運転室を車掌室として使用しますが、2階運転室では車掌のように絶えず車内巡回をする職種では使用できないので、1号車と11号車の連結寄りに車掌室を設置し、放送機器など車掌扱いの機器を収納しました。

日本車輌蕨工場で実物大のモックアップを作成した（1962.3）

信号見通し等を見るため電機に高運転台を仮設した（1961.8）

スマートな展望車と高運転台で完成された3100形／ＮＳＥ　（鶴川―柿生間）

国鉄並みの車体寸法を採用

　ＮＳＥの編成は、初め10両で考えていましたが、軸重などの関係で11両となり、編成長も新宿駅などの有効長 140m ＋ α ＝ 144mと決定しました。

　一方、車体幅ですが、昭和の初めごろ国鉄は半鋼製電車を造り始めましたが、そのとき車体幅を2800mmにしました。しかし、私鉄は規則の改正がなく2744mm以下、実質は手摺りなどを考慮して車体幅は2700〜2740mmとなっていました。戦後、戦災国電払い下げ車の復旧や国鉄車両の借り入れ・63形の割り当てなどで、私鉄も実質的に国鉄限界並みの線が増え、特認で処理されてきました。

　国鉄では151系などで、床面高さでは車体幅が2800mmですが、窓下部分では2900mmの車を製作しました。小田急では戦時中の東海道線の代替えという考えから限界を広げ、国鉄車両を何度も通し、さらに63形の投入により国鉄東海道線並みの限界に改良されていましたので、ＮＳＥ新造にあたっては車体幅を国鉄151系と同様に最大2900mmとすることにしました。

　低重心構造を引き続き踏襲し、床面高さは台車間で1000mm、台車上で1100mmとし、一般車の1150〜1200mmよりだいぶ低くなっています。また、中間の屋根高さは3200mmで、一般車の3650〜3750mmに比べると、これまただいぶ低くなっています。なお、車輪の直径は軽量化のため、Ｍ台車で860mm・Ｔ台車で762mmとしています。

3100形の機器

　もうこのころは、特急車の冷房は当然という社会情勢となっていたので、初めから冷房装置を取り付けることで検討しましたが、屋根の上に載せる方式は低重心の基本思想に反するので敬遠して、窮屈でも床下に下げる方式としました。そして、側構えの腰の部分にダクトを通し、冷気を窓枠部分から吹き出す方式としました。

　冷房装置の検討を始めている時、ヒートポンプ方式の売り込みがありました。理論的には成立するもので、暖房と冷房の機器を別々に設置する必要はないし、電車のように設置スペースと重量が限られところでは願ってもないと考えました。ただ、冬季はやや暖房能力が不足するので、椅子の下の電気暖房はある程度設置しました。ところが

お子様に大人気の展望室、紅茶を飲みながら大パノラマ

三面鏡を設置した化粧室にはエアタオルも設置された

実際に蓋をあけてみますとトラブルが多く、1次車と2次車の4編成までヒートポンプ方式を採用しましたが、3次車以降は在来方式に戻しました。のちに1・2次車も改造されています。

　制御装置は8個のモーターを1セットとし、編成で2セットとしました。SE車同様、東芝のカム軸式です。特急なので起動加速よりも高速での加速を重視し、力行17段・制動13段としています。主電動機はこれまた東洋電機製で、出力はSE車の100kWよりやや大きく110kWとなりました。また、16モーター軸・8トレーラー軸となっています。駆動装置はやはり中空軸平行カルダン方式です。制動装置は2200形以来のHSC－D方式で応荷重装置を設置したほか、電制主導方式としました。

　台車は、SE車では近畿車輌のシュリーレン台車を採用しましたが、NSEでは住友金属のミンデンドイツ式台車となりました。このころになると、かつて1700形で採用したFS108のような鋳鋼の重い台車は姿を消し、軽くて丈夫な台車となり、このNSEでは長年の試用を経て空気バネ台車を正式に使用することになりました。そのほか、曲線通過速度向上研究の成果を生かしてアンチローリング機構を採用しました。

ＦＳ３４６Ａミンデンドイツ型住友金属製連接台車

3100形の内装

　客席はSE車の348名から464名に一挙に増加し、車室も8室から11室になったので、変化を持たせようと三分して、その境界にトイレ・洗面所を設け仕切りの自動扉を設置しました。しかし、三分した客室は広幅貫通路で車両間をつなぎ、連接車の短い車体によるせせこましい感じを持たせないようにしたことはSE車と同様です。

　また、三分した車室それぞれ天井・シート・カーテンの色調を変え、変化を持たせました。特に電車の天井は白という固定観念から脱却して、ライトブルーあるいはライラックとしたことは注目を集めました。全体的にSE車の軽快な感じから重厚な感じになったのは、日本経済の発展に伴うデラックス化の影響でしょうか。

　また、昭和20年代の暗い白熱灯が蛍光灯の出現により、明るく、より明るくと向かっていったのが、このころにはソフトな明るさも要求されるようになりました。NSEでは天井中央に蛍光灯を枕木方向に並べ、乳白色のアクリルカバーで覆った光り天井方式を採用しました。

　荷物棚は、設計者の悩む所の一つで、高いとご婦人から手が届かないと言われるし、低いと若い人から頭をぶつけると言われる、これがないと天井がすっきりして広々とするのですが、なくすわけにはいきません。美観と掃除をどこで調和させるか、また忘れ物をしないように、見つけやすいようにというのも設計者の腕です。NSEではステンレスの角パイプの間にスモークグリーンのポリカーボネート透明板を取り付けたもので、デザ

イン的にすっきりし、置き忘れた荷物も下から容易に見える構造としました。ポリカーボネートに細かいキズが付きやすいことと、静電気による埃が付きやすいと清掃屋さんから苦情が出たほかは好評でした。

椅子は、ＳＥ車同様、回転腰掛けですがスタイルを変更し、またペダル式を背ずりを起こして椅子を回転する方法に改めました。冷房の吹き出し口が窓框になったのでテーブルの取り付けが少々変わりましたが、それよりも窓が1600mm幅に拡大され、しかも５mm厚さの熱線吸収ガラスを採用したことの方が目立つようです。

喫茶カウンターは1910形以来、座席の一部を喫茶カウンターとしていましたが、この車からカウンターというより喫茶厨房のコーナーという感じで車の一端にまとめられました。しかし、この時はまだ客席との仕切りはなく、販売品目と数量の増加・喫茶スチュワーデスの待機場所が必要との見地から、まとまったスペースが確保されたものです。そして、販売品積み降ろしのための扉が、カウンター脇に設置されました。

化粧室は、客席とはスモークグリーンのマジックドアで仕切られて、男子トイレと背中合わせに配列されています。当時流行し始めた三面鏡、エアータオル、電気温水器を使用しました。トイレは床下汚物タンクに収容する方式でした。

外部の塗装ですが、ＳＥ車と同じく宮永画伯に依頼し、ＳＥ車と似た塗装ですが、腰部が朱色から灰緑色に変わり、白線３本が入ったスタイルとなりました。グレーとバーミリオンの色も、グレーに大分グリーンが混ざり、バーミリオンも少し紅味が増しました。

前照灯はシールドビーム灯を左右に尾灯とともに配列し、急行標識灯は別に運転室窓下に配列しました。列車愛称板はＳＥ車では鉄板外付け式でしたが、ＮＳＥではアクリル電照式とし、夜間でも明瞭に見えるようにしました。

箱根特急30分ヘッドに

ＮＳＥは、昭和38年１～２月に3101と3121の編成が完成し、３月の多客時間帯から逐次ＳＥ車に替わっていきました。

後部運転室の側窓から列車の進行方向を眺めてみると…（1963.3）

NSEは「えのしま」号でも活躍。海水浴・鎌倉巡りの乗客だけでなく、通勤・ビジネス客にも好評（1980.9.5 六会―善行間）

　前年の11月に新宿西口に小田急百貨店が開業し、また、35年9月に箱根ロープウエイの全通による箱根ゴールデンコースの完成と小田急電鉄を中心とする小田急グループの事業展開が進むなかでの新特急の誕生だけに、種々のイベントが行なわれました。なかでも傑作は、小田急百貨店主催による水着ショーがNSE車内で行なわれたことで、お固い鉄道と商売気たっぷりのデパートの結び付きが、本邦最初のイベントと報じられました。

　昭和38年4月のダイヤ改正では、新宿～小田原間のノンストップ運転時分は62分（表定80.1km/h）と目標の60分にあと一歩と迫りましたが、このあとはラッシュ輸送の激化と沿線の発展による列車本数の増加により、こと志とかけ違って段々とスピードダウンを余儀なくされ、今日に至ってます。なお、このダイヤ改正で特急の愛称が15種から5種に圧縮されています。

　続いて9月には、さらに2編成が増備されて4編成となり、SE車と合わせて8編成の特急が活躍することになりました。そして、昭和38年11月のダイヤ改正は、新宿駅の第1次改良によって地上3線・地下2線の使用ができるようになり、箱根特急は新宿発8時00分から18時30分まで完全30分ヘッド運転となりました。

　昭和41年3月に3181と3201の2本の編成が竣工し、前年から定期列車化された江ノ島特急と、登山線に乗り入れしない小田原止まりの特急も出現しました。そして、41年6月改正ダイヤで、新宿～小田原間ノンストップの箱根特急は「はこね」、途中向ケ丘遊園と新松田停車の「さがみ」、江ノ島特急の「えのしま」に区分され、特急の性格が名称から分かるようになりました。

　昭和42年3月に7本目の3221の編成が完成しました。これは43年7月に予定されている御殿場線電化に伴い、乗り入れ列車がキハ5000・5100形からSE車の短編成に変わるため、SE車の改造工事による止め車数の増加と定員減少に対処するための増備です。

　なお、昭和42年6月から定期券による特急乗車を終日認めることになり、いち早く通勤特急"ホームライナー"としての使用を認めたことは、全国的に反響を呼びました。

「さがみ」は昭和41年に沿線途中駅停車特急として設定され，ＳＥ運用の時期が長かったが今は NSE が主流（1979.6.23 入生田―箱根湯本間）

最多数を誇る特急車NSE

　ＮＳＥも４年間にわたって第１次から第４次まで製作されたので、多少の変更点が見られます。

　まず、第１次車で採用されたヒートポンプ方式は期待されたほどの能力が出ないので、冷房・暖房は従来通り別方式に改められました。テーブルの上面はＳＥと同様の白色布目模様から黒無地にしたところ、重厚な感じが強くなりました。また、展望室の天井照明は小型サークライト４灯だったのを、大型１灯に改めました。そのほか、ＣＰの変更・喫茶カウンターの変更などを行ないました。

　ＮＳＥは、７編成と現在までの特急車の形式のなかで最多編成数となっています。これはＳＥ車と置き換えて箱根特急30分時隔運転を考慮したもので、将来、新宿～小田原60分・小田原停車時分２分・小田原～箱根湯本13分・折り返し15分・計90分、１往復180分＝３時間とし、30分時隔で運転すると６編成あればよく、検査（交番・月検査）などを考慮すると７編成必要という計算から決めたものです。もっとも、新宿～小田原間が60分運転になるまでは７編成必要となり、検査などの時はＳＥ車で補い、また、特急「えのしま」や「さがみ」には当然ＳＥ車が担当となります。

　昭和39年に全国でも珍しい完全立体ターミナル新宿駅が完成しました。しかし、東京への一極集中は年ごとに高まり、通勤圏はどんどんと郊外から隣接県へと拡大し、必然的にラッシュ輸送は激化の一途をたどっていきました。当初最大限と考えられていた中型車８両編成はまもなく突破し、国電並みの大型車10両編成運転も時期不明ながら考えざるを得ない状況となってきました。そこで、昭和47年、新宿駅は大型10両対応の工事が再度始まりました。安藤社長をして「痛恨の出戻り工事」と言わしめた東京集中の歪みの表れでした。

　この工事中は、３線使用のため変則ダイヤとスピードダウンを生じ、特に特急は新宿での折り返し時分を圧縮し、その分、湯本に振り分けるなどの処置をとりました。

95

ＮＳＥの更新修繕は外観は列車愛称窓が変わったくらいだが、機器配線・内装設備は大きく更新された（1989.8.6 祖師ヶ谷大蔵—成城学園間）

NSEの更新改造

　昭和38年にＮＳＥが登場した時は、クーラーは優等車のシンボルでもありましたが、43年ごろから通勤車にも冷房車の導入が始まり、50年ごろにはだいぶ普及してきました。そのためかＮＳＥの冷房は利かないとの苦情が多くなり、冷房効果を高めるために入り込みの外気量を減らしたところ、室内空気がタバコの煙で想像以上に汚染されたので、冷房装置の追加を行ない一部は52年の夏に間に合わせました。

　床下にはスペースの余裕がないので、屋根上に10500kcal/hの冷房装置1基を追加して載せました。ダクトは天井裏・室内とも無理なので、屋根上としました。これに伴い、ＭＧの増設も行なっています。

　昭和55年に7000形ＬＳＥが新造され、58年までに4編成が竣工しました。20年経過したＮＳＥは陳腐化し、新しいＬＳＥと格差が目立つので、特急運用に余裕ができたところで、機器および車体の更新を行ないました。

　主な更新点は、主制御器・ＣＰの変更、電気配線と空気配管の引き替えなど機器の更新および車体関係の大幅な更新で、これらはすべて日本車輌で行ないました。このとき、喫茶・売店コーナーも拡大し、両側に仕切扉を設け、客室と完全に隔離しました。また、床下に雑排水タンクを新設し、食器洗浄の水なども垂れ流しをやめました。ＮＳＥ新造のころは閉ざされた車内空間を、できるだけ開放感を与えようと便所・洗面所コーナーを除き広幅貫通路としていましたが、時代の変化から仕切扉を9カ所に増やしました。天井は面照明をやめて2列の線照明としました。室内羽目・天井の色・柄も近代的なものに改めました。座席の色も7000形ＬＳＥと同じオレンジとイエローのツートーンカラーに変更しました。なお、後半に更新した編成は、ダークレッドにまた変更しています。

　そのほか、客席ガラスを複層強化ガラスに変更、車体腐食部分の交換補修を行なったほか、先頭部の列車愛称表示を自動幕式とし、従来の5角形からＬＳＥ同様の長方形スタイルに変更しました。また、保安上から走行中には側扉を開扉できないよう電動ロック装置を設置しました。

　しかし、更新工事を施したものの、現在ではすでに30年の車齢を数えるようになり、「はこね」に使用すると20000形・10000形との差が目立ち、「さがみ」に使用するとドアが非自動のため要員確保が問題となり、そろそろ引退が検討されています。前面展望特急車の始祖ともいうべき車だけに先頭車だけでも永久に保存できないか、とも考えます。この電車のお手本となったイタリアのセッテベロは昭和27年の製造ですが、定期運用から外れてはいるものの、未だにイベント用として動いているそうですから‥‥。

10）NSEを踏襲した7000形／LSE

新型車はSXE or LXE?

鉄道史上画期的な名車 "SE車" は、生みの親である山本利三郎の「10年経てば陳腐化する、特急電車の寿命は10年」との言に反して昭和50年代に入っても、依然として活躍中でした。途中、昭和42〜43年に御殿場乗り入れのため、短編成化改造を行なったものの、車齢20年に及ぼうとしている車体骨組・外板・台車の基本構造などは、そのままでした。

さらに室内意匠やサービス設備は、途中更新してはいるものの、抜本的変更ではなく、それこそ陳腐化しているとの意見も出てきていました。そこで、そろそろSE車を引退させ、その代替えにはNSEを2分割6両編成にして投入し、NSEの不足となった分は新型特急車で置き替えようという声が社内で出てきました。

昭和53年秋、特急車内で乗客にアンケート調査を実施し、車両関係についても意見を求めたところ、車両の外観はSE・NSEとも「スマートで良い」と評価されましたが、室内意匠については「良い」「普通」が半々でした。また、先頭展望室については大半の人が支持していました。なお、希望としては、リクライニングシートの採用、室内は明るく、騒音を減らす、空調の強化、テーブルの大型化などの意見がありました。

日本経済も輸出が伸び、安定期に入って、庶民のデラックス指向・総レジャー化余暇指向に向かいつつありました。新特急車検討委員会はこれらの情勢を踏まえて、基本構想は同一だが編成の長さがSE車並みのSXEと、NSE並みのLXEと仮に名付けて詳細設計に入りました。

設計にあたっては従来のSE車・NSEで培った実績をもとに信頼性のあるもの、安定性のあるものを採用するが、時代の進展に伴い開発された新技術、新製品を取り入れ、スタイルや室内意匠は近代的な明るい感じを基本としました。

論議を呼んだのは、高速運転のために重心を下げる方法で、それまで床の高さを台車間で100mm下げていたのをやめたことです。「SE車の基本思想の放棄か」とまで言われましたが、シートと床面からの高さが場所によって相違し違和感があること、通路を歩くとき上下スロープの連続で歩きにくいこと、シート背摺りの高さが揃わないことなどの問題があることは事実です。提案した役員会の席上で、安藤会長も床をフラットにすることについて質問されましたが、編成全長にわたって床を同一レベルとし、重心が上がることは床下機器の配置（高さ方向を含めて）でカバーすることで了解してもらいました。

当時、私は特急車を新造するのか、いつ何本造るのか、その基本性能はどう考えるのか、といった基本構想を担当する運輸計画部長でした。私としては、列車本数の増加が予想以上に著しい速度で進んでいる現状では、仮に代々木上原から多摩川まで複々線ができたとしても、60分運転へのスピードアップはダイヤ構成上、無理であろうと考えたのです。さらに、この特急車が寿命を終えるまでに複々線区間が新百合ケ丘か相模大野まで延びるとは到底考えられないし、部分的に最高速度を120〜130km/hに上げても、投資効果はないと考えて踏み切ったのです。

NSEを踏襲した先頭形状

先頭形状は展望室スタイルは変えないので、あまり大きく変化することはできませんでしたが、できるだけシャープな形状にしようと考えました。NSEの形を決めるにあたって、前述のようにイタリアのセッテベロが頭の中にありましたが、今回はフランスのTGVが竣工しているので、やや角張ったシャープな感じを、と思っていたのです。しかし、前面の傾斜角度をNSEの60度から48度とし、前照灯・尾灯・オイルダンパーの突当座などを埋め込んだほか、前照灯・愛称表示窓の下の曲線変換線を直線ではっきり出した程度にとどまったのは残念でした。

前述の役員会の席上で、安藤会長は「前面形状についてはNSEの丸みを好む」と発言し、これに同調する役員も多く、結局、考えようによっては中途半端なスタイルになりました。

先頭形状は、最初1/10の粘土模型で検討し、その後修正点を加えて1/20の先頭1両分の模型を作

ＮＳＥを踏襲したＬＳＥの先頭部

明るい展望車の室内。シートの色も明るく華やかに

り、外部塗色も加えました。このような検討を経て、恒例となったモックアップを日本車輌の豊川蕨工場で造り、運転室・展望室および扉とその後ろの客席までを含め、あらゆる点を検討しました。その後トレーラーで豊川から大野工場に輸送し、さらに多くの人に見てもらった後、新特急のＰＲも兼ね向ヶ丘遊園地の山上に運びパーラーとしてしばらく使用されましたが、後日解体されました。

このころは、丸より角ばったのが好まれ、自動車の前照灯も丸から角に移っていった時代でした。別にそれに迎合するわけではありませんが、新特急の前照灯も新規に角形シールドビームを開発しました。

列車愛称板は、ＮＳＥではアクリル板を背面から蛍光灯で照明する方式でしたが、アクリル板の交換は終端駅で線路に降りて作業しなければならないので、一般車同様の電動幕方式に決めたのですが、一般車と違い垂直面表示でなく傾斜面での表示で、しかも曲面表示となるため、曲面アクリル板と字幕フィルムとの静電気による抵抗、結露によるフィルムの密着、横引きによるフィルムのずれなど、機構的にも視覚的にも設計上苦労が多かったと聞いています。

華やかで豪華な室内

室内通路の高低をなくすとともに、車体中央部での室内天井高さは、ＮＳＥでは2050mmでしたが2100mmとやや高くしました。また、ＮＳＥ新造時には開放的な室内が好まれていましたが、このころになると隣室からの騒音、貫通路からの走行音が入ってくるなどにより、大部屋スタイルが好まれなくなってきましたので、貫通路・出入台と客室とを隔離、１両ごとに区分することとし、各車室ごとに貫通扉を設置しました。

その一方、車室が10m前後の短いものなので、室内デザインは基本的に長手方向のラインを強調し、天井照明・荷棚・エアーグリルなどを直線で通しました。

室内のカラーコンディショニングは、"明るく豊かな華やかさ"という感触でまとめあげました。室内色彩の中心となる腰掛けは、バーミリオンとベージュの２色で華やかさを、色の区分で豊かさ・豪華さを出しました。床はベージュですが、通路に敷くじゅうたんはセピア調としました。羽目板と天井はベージュ系ですが、無地でなく柄模様としました。横引きカーテンも同様に柄模様としましたが、車両の長手方向にストライプを通すことで全体との調和を図っています。

展望室は、子供はもちろん大人でも一度は乗って見たいと希望する場所ですが、設計構想時にはサロンルームとする案、窓を背にしてソファを並べる案、逆にセッテベロのように一人掛けのチェアを窓に向けて並べる案など色々意見が出ましたが、ＮＳＥと同様２人掛けシートを並べる案に落ち着きました。

好評の展望席は１人でも多く座れるように工夫し、ＮＳＥの10席からこの車では14席に増やしました。また、運転室の構造も改良して、運転室を広くしながら展望室天井部分の垂れ下がりをやめて、展望室内の圧迫感をなくしたばかりか、後方

新宿新都心の超高層ビル群を後に飾り看板を付けたＬＳＥ新特急車（1980.12.25　参宮橋—代々木八幡間）

一般客席からの前方見通しも改善しました。天井照明は間接照明とダウンライトを配置し、展望窓の上部には日除けカーテンを設けるなどによりムードある雰囲気をつくりました。また、展望室クーラーはセパレートタイプとし、コンプレッサーを床下に配置して、展望室内の騒音防止と保守の改善を図りました。

省力化への改良

この特急車での新機軸の一つにシートの一斉回転装置があります。特急車が終端駅に到着してお客を降ろした後、次の折り返し列車のための整備作業が必要で、その一つに回転クロスシートの方向転換があります。従来は喫茶の女子従業員が担当していましたが、なかなかの作業量でした。これを自動化しました。

転換式シートでは実例がありますが、回転式シートでは例がありませんでした。特にリクライニングしている背すりを元に戻し、回転させることと、テーブルが折り畳み忘れている時これに接触してもトラブルを起こさないことが要注意点でした。エアによる回転シリンダ方式で、車両ごとに各車室の操作スイッチにより奇数列、続いて偶数列が回転する方法をとっており、省力効果と作業時間の短縮は大きいものがあります。

ＳＥ・ＮＳＥとも手動の開き扉でしたが、省力化と保安面から自動扉とすることにしました。でも客席との関係から一般車のような引き戸としたくはありません。プラグドアも許認可関係のこともあるが、やはり見通しが阻害されるので、折り畳み扉としました。難点は車体断面が曲面なのに、

扉は直線となることですがやむを得ないでしょう。なお、扉の開閉は取り扱い上から自動・半自動併用の回路となっています。

貫通扉は車掌室のある所を除いて、広幅の両開き自動引き戸とし、わずかにブラウン系の色がついた、ほとんど透明の総ガラス扉としましたが、営業後、人がぶつかる例が多かったので、目の高さに1700形で車側につけた百合のマークに準じたカッティングシートを貼り付けました。

独立した喫茶コーナー

喫茶コーナーは、1910形・1700形・2300形の客席中央から、ＳＥ車では車室の一端に移り、ＮＳＥではさらにカウンターの反対側を販売品棚やアイスクリーム・ストッカーとしましたが、このＬＳＥではさらに客席とガラス扉で仕切り、客室とは完全に分離しました。これにより、調理中の騒音や従業員間の会話などに客席が悩まされることがなくなりました。

また、保健所は、当初オープンカウンターを寿司屋やバーと同じと見てくれていましたが、カウンターで飲食をするのではないこと、調理したものを客席に運ぶものであること、カウンターの前を飲食に関係のない一般客も通行することなどにより、客席と隔離する方が望ましいという方針に変わり、それに従うことになりました。

トイレ・洗面所は基本的には変更ありませんが、循環式汚物処理装置、三面鏡、電気温水器などを備えており、防臭・防錆に重点をおきました。三面鏡は正面鏡を長円とし、背面に灯具を入れ、周囲を明るくしました。

紅茶スタンドと仕切り扉の向こうは客席

すっきりまとめられたＬＳＥの運転台

試運転快走中のLSE。営業につくまでは入念な試運転が行なわれた（1980.12.15 相武台前—座間間）

車体間をつなぐ幌は、SE・NSEと同様に内外の二重幌としていますが、外幌は構造的に難しく、どうしてもたるみが出ます。針金の補強材を吊る方法は幌地との摩擦により破れてしまいますし、NSEでは外側にはみ出し、好ましくありませんでした。今回は幌の改善に積極的に取り組み、板状・ひだ状・空気枕式などの形状構造の研究、材質の研究を進め、新方式を決定・採用、これが好評で、後にNSEもこの方式に交換されました。

パワーアップされた主電動機

展望室のところでも触れましたが、運転室は下の展望室の天井を平らにする一方で、運転士も近年成人男子の体格、特に身長の伸びにより大型化しているので、これに合わせて運転室内部も広くしようという矛盾とも思える要求に対応するため、設計陣は苦心しました。運転席から下に降りる昇降口はNSEの左側から右側に変更、従来の主幹制御器と制動弁が並んでいる開通以来の方式を、ワンハンドル式に変更したこと、そして展望室を広げ乗務員扉を約1m後退させたことなど、モックアップを使い十分に検討して決定しましたので、NSEよりだいぶ広くなりました。

また、運転席からの昇降は梯子を降ろしますが、展望室床面にステンレスのパイプを組み立てた荷物置場兼用のスタンドで梯子の下部を受けるように改め、スマートになりました。

制御装置は、140kWのパワーアップされた主電動機16台を4ユニットに分け制御しています。1ユニットが故障しても、運転台からの遠隔制御でカットアウトし、運転が継続できるシステムになっています。また、このころ通勤車で使用され始めていた界磁チョッパによる回生ブレーキは、特急運転の性格上あまりメリットがないというシュミレーション結果から、従来同様発電ブレーキ・抵抗制御としています。なお、抵抗器も強制通風でなく自然冷却方式としています。

制動装置は、発電ブレーキが優先し、失効した際空気ブレーキが作用しますが、従来の空気指令方式を電気指令方式とし、小田急で初めての制御・制動のワンハンドル操作としました。なお、当然のことながら保安ブレーキも設置されています。また、付随台車（非電動台車）は1軸に2ディスクブレーキを採用しています。

台車は、SE車ではシュリーレン、NSEではミンデンタイプの台車ですが、今回はアルストムタイプのリンク式空気バネ台車を採用しています。駆動装置は、従来の中空軸平行カルダンたわみ板

継手方式から、中実軸平行カルダンＴＤ継手方式になりました。

車両外部の塗色は、色々な案が出ました。結局、小田急ロマンスカーとして、ＳＥ・ＮＳＥで定着した色を変えないということで決まりましたが、胴の白線がＮＳＥでは３本だったのを２本としました。

11両編成のLSEに

ＬＸＥ、ＳＸＥと長短両編成で設計が進められていた新特急も新造が具体化すると、役員会では第１編成は11両の長い編成で造ることになりました。本来はＳＳＥの老朽代替えが第一目的で起案されたものが、いつの間にか「はこね」特急用となり、3100形ＮＳＥの増強となってしまいました。

設計が進むうちに、ＳＳＥの代替えではもったいないという考えが出てきたのでしょう。また、御殿場線乗り入れ車両の協議が、国鉄内部の事情により一向に進展する兆しがなかったためという声も耳にしています。

しかし、これによりＳＳＥの代替え新造計画は

いつしか消え去り、ＳＳＥはさらに10有余年も使われることになり、この新型特急車は長い編成のみ新造されました。

この第１編成は、予算その他の関係から日車と川重で前半と後半とに分けて造り、途中で神戸の川重から豊川の日車に回送して編成化し、小田原へ回送するという変則的な方法がとられました。

車両形式は3100形の後を継いで3300形とすべきだ、との意見もありましたが、ラッキーセブンにもつながる7000番代が空いていること、サハという形式が生じたことにより、一般車と同じ方式で形式番号を付けることにしました。しかし、その後造られた10000形・20000形は、3000形・3100形同様の追い番方式としましたので、この7000形だけが特急車のなかで番号の付け方の異端車になってしまいました。一方、ＳＥ3000形、ＮＳＥ3100形に続く愛称は、ＬｕｘｕｒｙＳＥ＝ＬＳＥと決定しました。

そして、昭和55年12月27日から営業を開始しました。ＮＳＥから17年ぶりの新特急車は好評で、翌56年には第２次編成の新造に入っていましたが、

珍しい３特急勢揃い。左からＳＳＥ、ブルーリボン賞受賞記念のＬＳＥ、はこね号ＮＳＥ（1981.9.13 新宿―南新宿間）

明るい湘南の海を左手に見て快走するＬＳＥ11両編成。国鉄に試験貸出中の姿（1982.12.14 東海道線　早川—根府川間）

鉄道友の会のブルーリボン賞に選ばれました。

　その後、御殿場線乗り入れのＳＳＥの置き換えの話は、国鉄の末期的状況から進展せず、一方ＮＳＥの老化・更新修繕の話が出るようになり、ＬＳＥを各年１編成ずつ新造し、58年までに４編成を揃えました。しかし、ついにＳＳＥ置き換え用の短い編成は幻となってしまいました。

　なお、昭和57年に再び小田急の特急車が国鉄線上で試験のため貸し出されました。この時は、ボギー車と連接車との線路に与える影響や乗り心地を調べるためのもので、スピードを競うものでなかったためか、マスコミはあまり取り上げませんでした。57年12月８日、7002の編成が小田原経由

で貸し出され、１週間後の12月15日に返却されています。この時の結果は、あまり詳しく聞いていませんが、レールに対する横圧力は連接車の方がやや低く、総体的に連接車の長所が認められたと聞いています。

　現在では当たり前になった列車内での公衆電話も、小田急では昭和60年10月に7003の編成に取り付けられたのが最初で、その後、全特急車に設置されました。なお、最初は黄色電話器でしたが、63年10月から現在の緑色カード電話器に変更されています。

　7000形は、現在も箱根に江ノ島にと、毎日活躍しています。

11）ハイデッカーの10000形／HiSE

LSE7000形の打ち止め

当初、御殿場線乗り入れ用のSSE3000形の置き換え用として検討が始められたLSE7000形も、諸般の事情で昭和55年から58年までに長編成4本が新造されただけに終わり、本線の「はこね」に充当されるだけでした。

しかし、従来NSE3100形が定期検査のため工場に入場すると、「はこね」にSSE3000形の重連10両を充当せざるを得なかったのが、すべてNSEまたはLSEの11両とすることができるようになり、客扱いサービスの向上が図れました。また、LSEの増備によりはみ出したNSEは「さがみ」「えのしま」のSEとの置き替えと増発に当てられるようになりました。そして、SSEは御殿場乗り入れ以外にだんだんと働く場所がなくなり、留置されることが多くなりました。こんな時、大井川鉄道からSSEを購入運転したいとの話があり、願ってもない話として3001の編成が昭和58年3月

に譲渡されました。

これより先、昭和57年4月にほぼ10年の歳月を費やした新宿駅の第2次改良工事が完成、「はこね」「あしがら」は1番線発着、「えのしま」「さがみ」「あさぎり」は2番線発着が原則となりました。

ホームに余裕のできたことにより、新宿8時50分発「はこね7号」が平日ダイヤで設定され、大きな利便増となりました。また、ターミナルでの折り返し時分も余裕ができ、従来日中でも新宿～小田原間75分近くかかっていた特急も68分前後に回復することができましたが、まだまだ十分ではありませんでした。

昭和62年4月1日、日本国有鉄道は7つの民営鉄道会社「JR」に分割され、新たに発足しましたが、それに至るまでは推進派と阻止・反対派との暗闘が続き、部内の規律は乱れ、お客をお客と思わない扱いに我々は不愉快な思いをしたものでした。当然、部内の上下関係は混乱し、当局と労組の指令が交錯し、部外にもその影響が波及して、

小田急開通60周年を記念してハイデッカー・ロマンスカー10000形が新造された（1987.12.14　小田急多摩センター駅）

業務が関連する民鉄各社も悩まされたそうです。

このような背景があったため、御殿場線乗り入れ車両の変更問題も一向にらちがあきませんでした。ＬＳＥ増備後も、ＮＳＥをＳＳＥに変えたり、ＮＳＥを半分の長さに改造して乗り入れさせるなど、色々な案が出されましたが、結局何一つまとまらず、いたずらに月日が経つのみでした。ＳＳＥ、ＮＳＥの将来が御殿場線がらみで不透明なこともあって、結局、ＬＳＥは４編成で昭和58年度をもって打ち切られることになったのです。

小田急開通60周年記念特急車

昭和62年は小田急開通満60年に当たるので、新特急車を造ろうということになりました。

小田急のロマンスカーといえば、運転室を２階にあげた前面展望室と連接構造がシンボルとして一般に定着しており、営業的にも技術的にもその優位性が確立されていると考えているので、基本構想としては当然採用されました。また、前年に登場したＪＲ北海道の「フラノエクスプレス」で採用されたハイデッカー（高床）構造は好評で、レジャー用の鉄道車両や観光バスで広く採用される傾向がみられました。

そこで今回のロマンスカーには、ハイデッカー構造を採用することを考えました。従来、低重心構造でスピードを重視してきた特急車も、列車本数が日中でも片道１時間20本を超えるようになると、先行列車の影響で複々線の完成を待たなければ、車両の基本性能を発揮できない状況になってきました。すでにＬＳＥで車両中央部の床を一段下げるＳＥ以来の構造を放棄しましたが、今回は明瞭にスピードアップ方針の転換と考えられます。

考えようによってはこの新特急車の寿命がある間には、新宿～小田原間60分で走れる長い複々線区間は完成できないとの見通しがあったのだろう、とうがった言い方をする人もいました。時代はドイツ・フランス・スペインをはじめ、我が国内でもＪＲ各社が新幹線をはじめとし、在来線も含めて各線のスピードアップを模索している時、ちょっと残念な気がします。

また、小田急のように沿線のほとんどが既成市街地となっている線区では、ハイデッカーによる風景を楽しむよりもターミナル駅で発車を待つ間、あるいは通過する中間駅のホームを上から見下ろ

先頭部はシャープな感じが強くなった

すことに優越感を抱く人が多いから、あのような車が生まれるのだと言う人もいました。ともあれ、この後生まれた20000形がダブルデッカーを一部であれ採用したのですから、10000形はその意味で一つの方向転換とも考えられます。

小田急の旅客車両の形式は、1000番代から2400までが廃車により欠番となっていましたが、同じ年度に新造するステンレス通勤車が1000番代を使うことになり、後は2600、3000、3100、4000、5000、7000、8000、9000と続いています（空いている6000番代は営団乗り入れ車と紛らわしくなるので、わざと空けてある）。となると、いよいよ５桁10000代に突入する他はない状況となりました。ただし、10000番代としても7000形のように編成順・ＭＴ別の一般車方式とするか、3100形のように編成ごとに追い番方式で行くか、迷うところですが、結局、追い番方式で編成ごとに20番単位で区切る方式としました。

なお、10000形はハイデッカー、高性能な特急車という意味でＨｉＳＥ（ハイＳＥ）と呼ばれています。

一般客室はハイデッカー構造

前頭部は、展望室・２階運転室の形態は踏襲しましたが、展望室の傾斜角度を7000形の48度から37度に、運転室の傾斜角度を45度から50度に変更して、一層シャープな感じを出しました。そして、7000形では運転室を後退させましたが、10000形では逆に前進させ、前面展望窓の上に運転室窓がつながる形となり、従来のボンネット・スタイルから脱却しました。また、レール上860mmと1300mmの高さの連結器格納部の上下の角度変更線は、稜線を明瞭にしてスピード感を強調しました。展望

室の窓は天井寸法が押えられて苦しいのですが、高さ方向で50mm大きくし、熱線吸収合せガラスを使っています。運転室の昇降は従来通り右側から梯子を使用しますが、内部は3100形から7000形、10000形とだんだんと広く居住性は良くなっています。これはやはり経験と知識の積み重ねの結果と言うべきでしょう。

一般客室はレール面上1510mmとハイデッカー構造としました。このため、出入口部のステップ高さは一般車並みの1150mmとし、間に高さ180mm、2段のステップを設けました。側窓は7000形より高さ方向で100mm大きくしました。幅は1600mmでグレーペン強化固定複層ガラスとなっています。340mm幅の間柱部分もブロンズ色付けガラスをはめこみ、連続一体窓の感じを出すよう努めました。ただし、間柱部に床下の空調装置からのダクトが立ち上がっているため、構造的に難しく、またガラスと押えの色の選びにも問題があり、連続一体窓の感じは今一つ、と感じられます。

新鮮さを出した外部塗装

車両外部の塗装ですが、ＳＥ車に始まったオレンジ・バーミリオンとグレーに白線の組み合わせは、3100、7000形と少しずつ配色を変えながらも継続されてきましたが、利光新社長の意向で装いを新たにパールホワイトにロイヤル・ワインレッドとオーキッド・ワインレッドを直線的配色し、新鮮さを出しました。ワインレッドは上品な色ですが、昔から褪色性に問題がありました。しかし、最近は塗料も著しく改善されており、心配はないということで採用されました。ただし、その後の

状況を見ると、やはり褪色・変色皆無とは言い切れないようです。

正面左右には角型枠内に前照灯と尾灯を、上部には同様に通過表示灯を配列し、尾灯・通過表示灯および車側灯にはＬＥＤを採用し、寿命延長と明るさの改善を図っています。なお、従来正面にあった列車名表示窓はなくなってしまいました。これは当初看板列車「はこね」にのみに運用するから、出入口脇にある列車名表示窓で十分、との意見によったと聞いていますが、現実には「あしがら」「さがみ」にも運用されているので、やはり正面の列車名表示は必要ですし、イベント列車やブルーリボン受賞の時などはシールを貼っていますので、正面表示は欲しい気もします。

もっとも新幹線やＴＧＶも正面表示はありませんが、見る機会の少ない夜行寝台特急ですら機関車の正面に列車名を掲げているのは、鉄道ファンにとってはありがたいと思っています。幸い次の20000形ではＬＥＤによる列車名表示が、再び正面に表れたことには賛意を表します。

2次車は折り畳みテーブルを設置

客室の意匠は今までと感じを変え、暖色系ながら落ち着いた雰囲気となっています。シートはゆったりとしたバケット・タイプとして、背擦りを7000形より50mm高くしました。色はブルー系とレッド系の2種とし、編成の両端3両と中間5両で色分けしたほか、展望席では2人掛け席をブルーとレッドの組み合わせにしました。終端駅での座席の回転は従来通りエアトルクモーターによる一斉操作を行なっています。

ＮＳＥから比べると広くゆとりの出た運転室

運転室への上り階段。上がった後は引き上げられる

桜をバックに快走するスマートなＨｉＳＥ。白とワインレッドの配色が近代的（1988.4.15 相武台前—座間間）

なお、２次車からシート背面に折り畳みテーブルを設置しました。従来のテーブルは窓際に設置されていましたが、グループで乗車する行楽客と違って単独で乗車する旅客が増加し、これらの人々から通路側に座っているときに使いづらいとの苦情が寄せられたためで、こんな面からも少しずつ旅客の構成が変化していることが分かります。

また、3000形や3100形新造当時は車体長の短い連接車なので、圧迫感をなくし広々とした感じを持たせるために、広幅貫通路の仕切り扉なし構造としたことが好評でしたが、時移り星変り平成の代となった今日では逆に１両ごとに区切り、ほかからの騒音に悩まされず個室に近い感じを持たせた方が好まれるようになりました。将来はさらに個室化が進むのか、あるいは車室ごとにムードや構成が異なり、バラエティーに富む列車編成の中から、お客が車室をチョイスして特急券を求める時代が来るのでしょうか？ 10年先、20年先の様子を見てみたい気がします。

貫通路の扉は、車掌室・便所などの箇所は１枚の引き戸、その他の箇所は両開き戸ですが、スモークブラウンのプラスチック製で、接近自動開閉の検知機構は従来のマットスイッチから光電スイッチ方式として一層スムーズな開閉となりました。

7000形を踏襲した制御装置

制御装置は基本的には実績のある安定した7000形方式を踏襲し、運転台のワンハンドル式主幹制御器などは変わりありませんが、部分的には主要部分のユニット化、無接点化など相当改良された点もみられます。またモニター装置内蔵により、運転状態の情報は各制御器ごとに運転室に伝えられ、異常が発生したユニットは運転室より自動遠隔解放することができ、故障時に運転士が室外に出ることなく、適切な処置が可能となりました。

制動装置については早くから電気指令方式の採用が望まれていましたが、一般車では分割併合作業の関係から、なかなか採用できませんでしたが、特急車では7000形に引き続き、今回も電気指令方式を採用しました。また、最近ではエネルギーの有効利用の面から回生制動が取り上げられていますが、特急車の場合、停車制動、途中での抑速制動とも頻度が少なく、その反面、回生不能の場合の発電制動切り替えなどの装置が複雑になり、メリットがないので発電制動と空気制動併用の電磁直通ブレーキを採用しています。ブレーキは「常

ＨｉＳＥも鉄道友の会のブルーリボン賞受賞の栄誉に輝き、1988年９月11日多摩センター駅で披露された

用」「非常」「保安」の３系統を持っています。

　また、空気圧力計に電気式アナログ表示の採用とウインドワイパーの電動化により運転室への立ち上がり空気配管がなくなり、客室スペースの確保が一層楽になりました。

　主電動機も7000形と同様のＴＤＫ8420ＡとＭＢ3262Ａの140kWモーターを使用しています。パンタグラフは屋根が高くなったので、折り畳み高さと長さを小型化した下枠交叉形ＰＴ4823・Ａ・Ｍとしました。

　台車は、住友のアルストムタイプで、小田急は昭和29年の2200形以来、２，３の形式の例外はありますが、一貫してアルストムタイプを採用しています。他社ではミンデンタイプが良いといって切り替えましたが、小田急では振動測定をやっても、このアルストムタイプが一番良い成績で、線路の軌道状態と台車の相性が良いようです。今回もアルストムタイプを採用していますが、7000形の台車をさらに改善し、一層乗り心地が良くなっています。先頭電動台車、連接電動台車、連接付随台

車の３種があります。

　駆動装置は、中実軸平行カルダンＴＤ継手です。

　補助電源装置は、静止形インバーター（ＳＩＶ）を３台装備し、故障時には自動的に切り替え送電する自動受給装置を２台設置しました。

　空調装置は、ハイデッカー構造としたため、屋根上設置ができなくなり、床下分散冷房方式とし、出入台・化粧室も含めて全車内冷房としました。冷気は、床下から間柱を通って、窓上の吹き出し口から出す方式をとっています。リターン口は座席脚台内にあります。冷房指令は、一斉制御のほか、各車に設置したサーモスタットにより、きめ細かい個別制御を行ない、特急車にありがちな各車間の乗客数の差による冷えすぎを防ぐようにしています。

　暖房は、従来通り電熱ヒーターですが、運転室と売店は半導体温風ヒーターになっています。なお、換気は屋根上に熱交換率のよいロスナイを１両に２台設置しました。

　売店は7000形のときにも述べましたが、2000形

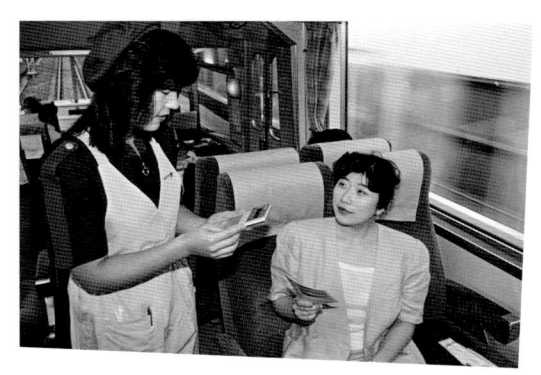
乗客の注文はオーダーエントリーシステムで聞く

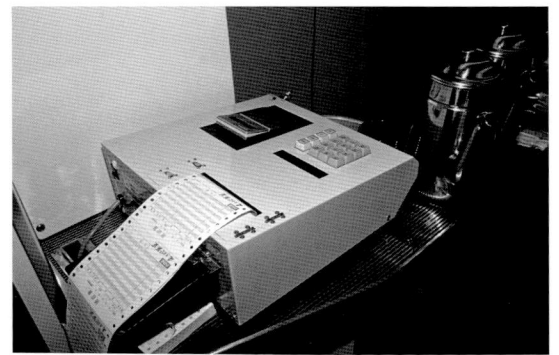
客席で聞いた注文は直ぐカウンター内にてプリントアウト

以来少しずつ変化してきており、今回は7000形に準じて完全仕切りで、雑排水タンクも設けてあるほか、オーダーエントリーサービス・システムを採用、注文・仕出しの迅速化を図りました。

そのほか、持ち込みラジオの難聴対策として、AM・FM用受信アンテナを車外に設け、受信増幅して車内アンテナから放信することにしました。

10000形第1編成は、1987年も押し詰まった12月23日から営業を開始しました。続いて翌年の1月14日から第2編成も営業を開始し、さらに1989年7月に第3・第4編成が竣工・営業開始しました。現在、主として「はこね」に使用されていますが、運用上「あしがら」「さがみ」にも一部使用されています。

特急運転以来、初めての経験

10021×11（川重）の編成が1988年1月6日竣工、同月14日使用開始してから間もなくの1月25日、新宿8時50分発の「はこね7号」で下って行った時のことでした。町田・本厚木・秦野と順調

に通過し、渋沢にさしかかった時突然ホーム上を1人の男が走ってきて、特急の前面に飛び込みました。

飛び込むのが一瞬遅かったか、列車の速度が速かったか、前面展望室の窓に当たりました。もちろん、飛び込んだ男は即死でしたが、展望室の窓ガラスは強化合せガラスなので、割れはしましたが飛び散ることはなく、乗客にはけがはなかったそうです。

ところが前面ガラスなので、この「はこね7号」は運転継続が困難となり、工場に回送されました。新車納入早々なので、まだ倉庫に予備品が納入されておらず、至急に兵庫の川崎重工にガラスメーカーから納入されていた予備品を送付してもらい、大野工場で交換しました。特急運転を始めてから30数年、初めての経験でした。

鉄道にとって飛び込み自殺ほど迷惑なことはありません。最近はあまり新聞にも出ませんが、結構多いのではないでしょうか。電車を損傷し、遅らせ、多くの人に迷惑を与え、運転士にはその後にわたって精神的動揺を与えます。

ＪＲの特急形高運転台車両や踏切から一般車への飛び込みだとほとんど前面鉄板か台車に当たりますが、ホームから普通の車に飛び込むと運転台の窓が壊されるケース、運転士がけがをするケースも少なくないようです。他社では運転席を客室より一段高くしている例も多いようです。小田急では客室からの前方見通しもあり、床を上げていませんが、一般車の運転台の計器板の後ろ・窓の下部に鉄板を取り付け、多少なりとも被害防止を図っていると聞きました。

飛び込む人は色々事情もあり、死を賭して飛び込むのですからやめろと言ってやめるものではありませんが、迷惑なことです。最近ではＪＲなどでも清掃料を遺族からいただいているそうですが、とてもカバーできるものではないと聞いています。

鉄道ファンにとっては電車に乗って前方が見えることは楽しさの限りです。また、外から見ても開放的な車は乗ってみたくなります。鉄道が事故防止・自己防衛のため、戦車みたいな前面の電車を造らないように、飛び込み自殺から、無謀運転のダンプカーに至るまでなくしたいものです。

富士を背にして一路沼津へ。ＲＳＥ特急「あさぎり」（1991.4.4 御殿場線 富士岡—岩波間）

12）御殿場線乗り入れ20000形／RSE

JR東海と小田急で新造

平成３年３月16日、ＪＲ各社はダイヤ改正を行ないましたが、ＪＲ東日本では相模線の電車化、内房・外房特急の京葉線経由のほか、各線で特急の増発・延長などが行なわれました。さらに19日から成田空港への新線が開通し成田エクスプレスが新宿と横浜から運転され、東京地下駅で列車の分割併合が行なわれ、長年の課題であった空港連絡鉄道の開通と赤・白・黒の強烈な３色に塗られた特急電車Ｎ'ＥＸの登場は話題を呼びました。

同じ時のダイヤ改正でＪＲ東海は、小田急新宿から御殿場まで走っている連絡急行「あさぎり」を特急に格上げし、沼津まで延長しました。そして、従来は４往復とも小田急の車両（ＳＳＥ3000形、小田急の乗務員が担当）によっていましたが、このダイヤ改正からＪＲ東海・小田急とも新型車両を新造し、２往復ずつ担当しながら乗務員は松田で交代、自線内のみ担当することとしました。

小田急線と御殿場線との直通運転は、戦時中に東海道線の代替えとして計画されましたが、実現には至らず戦争は終ってしまいました。昭和30年10月、小田急のキハ5000形による気動車１両運転の新宿〜御殿場間「特別準急」列車（小田急線内は「特急」、国鉄御殿場線内は「準急」）が始められました。

その後、昭和43年７月、御殿場線の電化に伴い５両編成のＳＳＥ3000形を投入し、順調に輸送人員も伸び、推移してきました。しかし、使用車両である3000形は、昭和43年と59年に車体などをいじってはいるものの、昭和32〜34年の製造。いかに名車とはいえ、寄る年波には勝てず、昭和55年ごろからＮＳＥ短編成化、あるいはＬＳＥによる置き換えの計画が浮上していました。もっともこの計画は、国鉄改革の動きに呑まれて進展しませんでした。

昭和62年４月１日、国鉄は７つのＪＲに分かれて新発足しました。御殿場線を管轄するＪＲ東海は東海道新幹線のほか、関西・高山・飯田・身延・御殿場などの各線の活性化を考えたのは当然でしょう。このうち御殿場線は、従来の小田急新宿駅からの直通列車（連絡急行）を次のように改め、さらなる発展を図ることとしました。

1. 運転区間を沼津まで延長し、新宿〜松田〜沼津とする
2. 列車本数は、従来通り１日４往復とする
3. 車両は相互乗り入れとし、共通の規格仕様に基づく新車を双方で新造する
4. 乗務員は御殿場線松田駅において交代し、それぞれの所属する会社線内を運転する
5. 運転区間の延長、使用車両の格上げ新造などにより、列車種別はＪＲ線内も特急とする

これに基づいて、小田急は「あさぎり」用の特急電車２編成を新造することになりました。ＪＲ東海は１編成で、小田急も常時１編成で運用できるのですが、検査のため工場に入場するときの予備のため２編成を新造したのです。なお、ＪＲの車が検査などで入場するときは、２運用とも小田急の車両を使用しています。

余談ですが、ＪＲの車は新宿17時40分発の「あさぎり７号」で沼津に19時39分到着後、三島に回送され、同駅20時02分発、浜松21時59分着の「ホームライナー浜松」（土曜・休日は静岡止り）に使用されています（平成６年３月現在）。

平成４年６月１〜20日、ＪＲ東海の車が検査入場するので、小田急の20000形１編成をＪＲ東海に貸し出すことになりました。そこで「あさぎり７号」の後の「ホームライナー浜松」にもこの20000形を使うか、使わないか鉄道ファンの間で憶測が飛び交いました。結局、20000形は使用されず、急

小田急線に乗り入れてくるＪＲ東海の371系

センターピラーのない大きな正面窓とJR371系と共通仕様のRSEの運転台

行用の165系が充当されました。夜とはいえ、小田急の電車が浜松でも見られると期待していた小田急ファンをがっかりさせました。

20000形の基本的構想

この20000形は、JR東海との共同使用により双方の乗務員が扱い、また、座席配列が車両によって異なるのでは検査・故障などで代替えに支障をきたすため、小田急ロマンスカーの伝統的とも言える連接車方式を放棄し、ボギー方式としたことが特異点とも言えます。

同様にJR東海にとっては、数多くある所属車両のうちで、新造の371系1編成のみが運転台ワンハンドル方式を採用しました。もちろん、ATSや列車無線などの機器は双方のものを搭載しています。

「相互乗り入れの基本協定」から「車両の規格仕様の協定」、そして「具体的設計」への時間が短く、新しい試みをテストする余裕もないので、信頼性の高い7000形・10000形の制御などの基本システムを踏襲することにしました。

ボギー車方式としましたが、編成全長は箱根湯本にも入ることを考慮して140mとしましたので、1両20mの7両編成としました。JRがグリーン車を設けるので、同じくスーパーシートを設置し、2両のダブルデッカーの2階席を充てることにしました。そのほかの5両は10000形で評判の良かったハイデッカーとしました。

3100形以来好評の展望席は、運転室を2階に上げることができなかったので、運転士の後方から展望させる形にせざるを得ませんでした。しかし、運転室と客室との間の仕切りは大型ガラスを使用し、運転室前面窓も上方に大きくなったほか、客席がハイデッカーによって一段高くなっていますので、SE車で"かぶりつき"と言われた最前列の席より、運転士が邪魔にならず展望は非常に良くなっています。

車両の形式・番号の付け方

車両形式は10000形に続いて20000形となりました。11000形や15000形にする方法もありますが、従来の箱根特急の延長ではなく、新たに沼津へ進出し、中伊豆および西伊豆のリゾートの足としての新車なので、強く印象付けるためにも20000形としたようです。

形式は、電動車はデハ20000形、付随車はサハ

20050形とし、車両番号は新宿方から20000、20050、20100、20150、20250、20200、20300で、末尾数字を第1編成は1、第2編成は2としました。

3100形・10000形方式と異なり、7000形方式に戻った感じで、一貫性がないような気もしますが、担当者は連接車ではないので一般車に準じたと説明しています。7000形で一般車方式を採用したなら、10000形もそうすべきではなかったのかと思います。もっとも運転現場では、固定編成なので20001×7という表示で処理することが多く、また検査修繕現場などでは個々の機器・箇所の表示に車号が必要になってきます。どちらの番号の付け方が便利なのでしょうか。我々鉄道ファンは、どちらの方式が賛同者が多いのでしょうか、一度聞いてみたいものです。

これも1949年のデハ1900形、1910（2000）形以来の問題事項ですが、車両には1位・2位が決められ、片運転台の車は運転台のある方を1位と定め、方向が決められています。両運転台車や運転台のない付随車は、起点である新宿方を1位としてきました。開通以来、戦前はこのやり方で問題はありませんでした。電動車は、すべて両運転台車で片運転台の制御車はクハ502を除きすべて小田原向きでしたから、国鉄の奇数車・偶数車の観念はありませんでした。

戦後、1900形、1910形固定編成を造るとき、片運転台電動車の新宿向きと小田原向きの車ができました。そこで、新宿向きの車と小田原向きの車を奇数番号の車号と偶数番号の車号で区別することになり、新宿方の車を1、3、5、小田原方を2、4、6としました。ところが、試運転を終え、営業課で特急券を作るときになって、新宿方を1号車とするか、小田原方を1号車とするかで論争が起きました。大勢は車号に合わせて新宿方を1号車としようという意見でしたが、私は「将来熱海乗り入れ、御殿場乗り入れなどが行なわれた時、国鉄は明治以来横浜・神戸方を1号車としており、東北・常磐線も現在は東海道線との直通はないが上野方を1号車とし、上野〜東京を直通しても東海道線の列車と食い違うことのないようにしている。もしも、小田急が国鉄線に乗り入れる時がきたら、新宿方を1号車と決めていても、全部ご破算にしなければならなくなる。従って小田原方を1号車とすべきである」と強硬に主張しました。

それなら車号も変更しようとの意見も出ましたが、さすがにそれは賛同が得られませんでした。熱海乗り入れはとうとう実現しませんでしたが、御殿場・沼津乗り入れは実現し、この件に関しては、社内では過去にそんな問題があったことすら知らずに経過しました。しかし、営業上の号車と車両番号の付け方の逆順は、今もって3100形や10000形では存続しています。もっとも、7000形や20000形ではあまり目立ちませんし、JRの方式も完全な固定編成はほとんどありませんし、371系のように実質固定編成であっても、形式番号の付け方が編成順位と関連性がないところでは問題がありません。

3100形や10000形方式の方が営業上の号車とは逆順であっても、車号を見れば編成順位が分かるので良いという人と、7000形や20000形方式の方が電動車と付随車の区別が一目で分かるのでこの方が良いという人と様々です。

なお、20000形はリゾート向けの特急車ということで、リゾートの頭文字を使ってRSEと呼ばれています。伊豆方面へのリゾート特急を意識したのでしょうか。

20000形のエクステリア

今まで小田急の特急車の外部塗色は、SE車以来、赤とグレー、10000形でワインレッドと白になりましたが、やはり赤が基調でした。今度は富士山のふもと御殿場、青い西伊豆の海・沼津へ直行する特急であることが一目でわかるように、JR東海の車とともにブルー系でまとめることで合意しました。

JR東海の371系が東海道新幹線カラーを基調とした強いブルー系に対し、小田急のはいわゆるパステルカラーのやわらかい色使いで、ご婦人好みと言われています。なお、当初はスペリアホワイトとオーシャンブルーの2色の案でしたが、メーカーで塗り終わった段階で細いラインをオーキッドレッドと急きょ変更し、小田急ロマンスカーの継続性を出しました。この方がアクセントもついて一段と良くなったような気がします。

列車の前頭はセンターピラーのない大きな1枚曲面ガラスを採用し展望性を良くするとともに、スピード感を出すため前面傾斜角度を38度としました。なお、SE車3000形・NSE3100形では前

小田急では初めてのスーパーシート。JR線内はグリーン席として使用される。座席は1〜2列配置。ゆったりとリッチな気分を楽しめる

ハイデッカー普通席は上品な落ち着いたムード

グループ利用には最適のセミコンパートメント階下普通席

面角度60度でしたが、ＬＳＥ7000形では48度と傾斜を強くし、シャープな感じを出しました。そして、ＨｉＳＥ10000形ではさらに37度にしました。ＲＳＥ20000形ではほぼ同じ38度としました。大きな前面ガラスはＪＲ東海の371系の逆三角形を思わせるシャープな感じに比べると、丸みが強くパステルカラー調の塗装と相まって、穏やかな感じになっています。

前照灯、標識灯、復活した列車名表示のＬＥＤ表示も前面ガラスの下に一緒に入り、大きな前面ガラスの展望性を強調しています。

3タイプのインテリア

車内インテリアは、編成を3ブロックに分け、それぞれにテーマを設けて、イメージを創造するコーディネートを行なっています。

● 「都会」 新宿方ハイデッカー3両

新都心「新宿」をイメージするグレーの暖色系でシートとフロアをまとめ、高級ホテルにある落ち着いた都会的雰囲気としました。

● 「山・樹木」 中央ダブルデッカー2両

富士山麓をイメージし、特に2階は特別席（グ

リーン相当席）としてのエグゼクティブな感覚を尊重しました。色調はグレーとローズ系で、落ち着いた中にもリッチな雰囲気を醸し出しています。座席は2+1の3列配置、シートピッチは1100mmで、ゆったりとした構成となっています。階下席2両のうち小田原方車両は通常の開放式3列配置の座席ですが、新宿方車両は4名定員のセミコンパートメントを3室とし、落ち着いたグリーン系でまとめてあります。完全な個室と異なり、階下室とは思えない空間の広がりを感じさせます。

● 「海」 沼津方ハイデッカー2両

西伊豆の海をイメージし、グレー系の明るいブルーで、さわやかなリゾートの雰囲気を出しています。

一部の車室を除き、間接照明によるやわらかな配光としていますが、特別車室には読書灯が設置されました。側窓は熱線吸収強化ガラスを使用しています。なお、外部から見ると間柱部にも黒に近いグレー色焼き付け塗装ガラスを採用し、連続窓の感じを出しています。この点は10000形に比べると一段と進歩した感じを受けます。カーテンは横引きプリーツカーテンを採用しています。

筆者が車両部を担当していたころ（昭和48年ごろ）、「NSE3100形の横引きカーテンを更新したいのだが…」といって担当の課長だか課長代理だかがもってきた見本を見たら、ほとんど無地のもので、ろくなものがありませんでした。「もっと柄物でカラフルなものがないのか？特急車なのだから多少値段はかさんでもいいじゃないか」と言ったところ、「いや、最近また消防の防炎基準が厳しくなって、織物メーカーで思うような色が使えないのだそうです」という答えだった。こちらは織物については素人なので技術的にああだこうだと言えず、「メーカーの研究不足か、それとも特殊な用途なので数が出ないからか、もう少しほかも探してみろ」と言って話はそこで打ち切った記憶があります。

それを思うと20年の歳月の進歩は、このような面にもはっきり出ていることを感じます。もちろん、防炎能力も高まっているのでしょう。一般家庭で使うものに比べると、このような点でも色や素材の制限、価格が割高になることは、あまり知られていないような気がします。

セミコンパートメントの座席を除き、回転リク

ライニングシートでフットレストを持っています。また、シート背面には10000形2次車から設けられた折り畳み式テーブルを設置しました。2階の特別席はシートピッチを1100mmに広げたほか、肘掛け部分に液晶TVとテーブルを納めました。なお、喫煙車では肘掛けに灰皿を設けてあるのは従来通りです。

回転リクライニングシートは、これまた従来通り、終端駅でスイッチひとつで操作する空気圧による自動回転機構を設けてあります。また、単独に手動で回転させるにはペダルを踏んで行ないます。従来のペダルなしで背擦りを押して回転ラッチを外す方法は、完全リクライニング方式となったため出来なくなりました。

最近の電子技術の発達は日進月歩で、走る列車内でもたくさん取り入れられています。

AVシステムと情報サービス

特別室の座席の肘掛けの中から6インチ液晶TVを取り出して、9チャンネルのうち好みのチャンネルを見ることができます。自動追尾式BSアンテナにより衛星放送を受信するほかVTR・CDも選択できます。一般席では、AM・FM放送のラジオ受信のほか、CDのステレオ音声をFM放送に変換してサービスもできますので、手持ちのFM受信ラジオにより高音質のステレオ音楽も聞くことができます。

そして、これらのシステムは将来に対して十分な拡張の余地を持っております。これらハイグレードの音質を提供するためには、電線の質のグレードアップも必要です。最近までは電灯線も放送用電線も同じものを使っていても、何も疑問に思

スーパーシートでは6インチTVで9チャンネルが見られる

屋根上に設置された自動追尾式ＢＳアンテナ

わない人が多かったのです。そこで、電灯・電力線を始めとするほかの電気機器や無線電波からの影響を受けないように、従来の電車設計と違った面にも注意しなければならなくなりました。昔の直流1500Ｖと100Ｖしか持たなかったＨＬやＨＢと呼ばれた電車とは天地雲泥の差、月とスッポンほどの差があります。

　列車の前頭部にＬＥＤによる列車名表示を行なったほか、側面出入口上部に同じくＬＥＤによる「特急　あさぎり　沼津」といった案内表示を行ないました。車内にも妻部などに案内表示器を設け、運行案内・次の停車駅案内などを表示します。また、ニュースなども流しますが、リアルタイムで変化するニュースは小田急がコンピュータを通して入手し、オンラインで駅のコンピュータに伝送します。駅のコンピュータは列車が接近すると、これを検知して無線で列車にデータ伝送回路オープンの指示を出し、ＯＫとなったらニュースデータを送信します。

売店やトイレなどのサービス施設

　「走る喫茶室」で有名になった小田急の車内サービスは継続されますが、時代の進展に伴い徐々にその形態も変化してきています。

　「あさぎり」では小田急の車両・ＪＲの車両それぞれ関連の飲食サービス会社が供食を担当しますので、新幹線などのように列車内に供食基地を設け、そこから全車両にワゴンサービスを行なうシステムとしました。その車内基地を売店と呼んでいますが、お客様が歩いて来られて買い物をする売店というより、供食基地というべき性格が強いものです。設備としては冷蔵庫・電子レンジ・アイスクリームストッカー・湯沸器・コーヒーメ

ーカー・調理台・流し台などを備えています。

　また、２階の特別席では、スチュワーデスコールボタンも設けられ、これを押すと、厨房内のパネルに座席番号を表示するとともに音で知らせるようになっています。

　トイレは、従来よりも面積を拡大するとともに、内部の色彩配置に気をつかい、落ち着いた空間としました。男子用小トイレ２カ所のほか、和式・洋式トイレ各１カ所としています。なお、洋式トイレには自動給紙便座・近接スイッチによる自動給水装置が設けられました。

　化粧室には三面鏡・シャボン液・自動蛇口・ティッシュボックスなどを備え、シンプルな設計となっています。

　車内には従来通りカード式電話機を設置しています。今回は１編成に２台設置し、従来はただ囲っただけだった電話コーナーを扉付きの電話室とし、騒音を遮断するとともに会話の秘匿性に考慮を払いました。

　これはＪＲなどでもそうですが「トンネル内では通話出来ません」との事前の説明があるのですが、毎日通勤に乗っているならともかく、多くのレジャー客などはどこにトンネルがあるのか知らないし、それかといって通話がとぎれるのは嫌だと思っている人も多いのではないでしょうか。トンネル内に線を引っ張るとかして何とかする方法があると思います。せめて「あと３分でトンネルに入ります」くらいの表示はほしいものです。

20000形の扉

　７両編成のこの電車にいくつ扉があるのでしょうか、数えてみたことがありますか。実に40カ所近い扉があるのです。乗降客扉・乗務員扉・非常扉・貫通扉・トイレ扉・電話室扉‥‥、あればあるものです。

　乗降客用の側扉は、折戸式自動扉で戸閉機は鴨居部に内蔵されています。もちろん自動・半自動の操作ができます。また、走行中の開扉などの事故を防ぐための保安装置は、従来からのものに加え速度検知機能も持っています。

　貫通扉は、片引戸ですが、一部の扉ではガラス窓を変形デザインとし変化を持たせています。もちろん、光電スイッチによる自動扉ですが、カットスイッチが近くに設けられています。ダブルデ

ッカー車では2階を貫通路としましたので、1階は行き止りとなりました。従って非常の場合1階席から非常用階段を数段上り、非常扉からホームに出られるようになっています。なお、ホーム以外の場所では備え付けの折り畳み梯子で地上に降りられます。また、2階席のこの部分は座席が設けられず飾り台となっています。

台車・駆動装置など

小田急では2300形以来、38年ぶりの特急用ボギー台車ということになります。そのうえ、初めてのダブルデッカー用の台車の採用です。メーカーは小田急開通以来の住友金属で、電動台車はFS546、付随台車はFS046です。揺れ枕バネはスミライド空気バネを、軸箱支持装置は相変わらずアルストム・タイプを採用しています。

ブレーキは片押し式踏面ブレーキで、常時踏面清掃装置を取り付けています。

駆動装置は長年実績のある中実軸平行カルダンTD継手方式を採用しています。

主電動機は、直流直巻補極付き半密閉自己通風式の140kWのものを1両につき4台、電動車が4両なので1編成16台使用しています。特に御殿場線の連続急勾配区間で、ユニットカットした場合でもオーバーヒートしないよう熱特性には格段の配慮が払われています。

制御装置は三菱製を採用、一基の制御器で4個モーターを制御する方式を通常使用しますが、箱根登山線のように半径の小さなカーブが多くスピードが出せない区間では、ひとつの制御器で8個のモーターをシリーズ制御することもできます。

また、主制御装置にはマイコンを用いたモニター機能を持っており、ユニットの状態を監視するだけでなく、周辺機器の状態も記憶し検修時にデータを取り出すことができます。もしユニットが故障したら、運転台からの指令でそのユニットを開放することができます。

発電制動と空気制動の併用ですが、長い下り勾配線の運転には発電抑速制動を使用します。常用ブレーキと非常ブレーキには応荷重装置が設けられて、乗車人員にかかわらず、常に一定の減速度を確保できます。保安ブレーキは何等かの原因で常用ブレーキ、非常ブレーキのいずれも作用しない場合、ほかとは全く別系統の指令により一定圧力のブレーキ力を発生させる装置です。なお、JR線内での120km/h運転に対応するため、110km/h以上で自動的にブレーキ力を高めるブレーキ増圧装置を持っています。

補助電源装置には、静止型140kVAインバータを装置し、万一の故障時には編成3台のインバータが、相互に自動的に供給する自動受給電装置も持っています。コンプレッサーはC－2000L低騒音型電動空気圧縮機を装備しています。

冷暖房装置

冷房装置は、ハイデッカー車では床中形（9000kcal）を1両に4台、ダブルデッカー車の場合は1両に床中形2台と屋根上形（18000kcal）1台を搭載しています。そして、床中形の1台は主に1階席に、残りの1台と屋根上形で2階席を担当させています。なお、乗務員室には床下形(3000kcal)を使用しています。

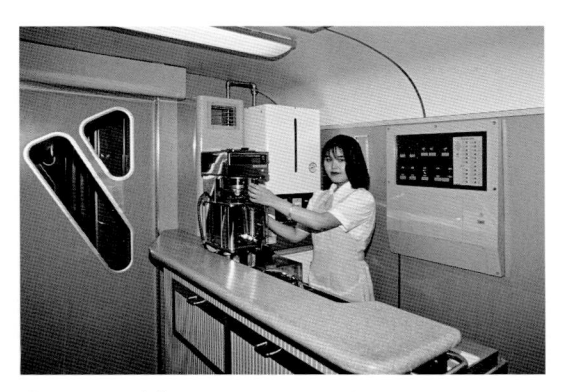

すっきりした喫茶コーナー。貫通扉のガラスも面白い

化粧室はシンプルで落ち着いた設計

丹沢山塊をバックに試運転中のＲＳＥ（1991.1.9 渋沢―新松田間）

　暖房装置は、従来と同じように座席の下部に反射形ヒーターを設置しました。しかし、セミコンパートではソファーの座り心地と機能を優先し、側壁下部にヒーターを設置しました。乗務員室・売店には電子ファンヒーターを設け、早朝の運行時など短時間で室温を上昇させることが可能になっています。

　換気装置は、ハイデッカー車では屋根上に、高さが低く熱交換率の高いものを１両に３台、ダブルデッカー車では大容量のものを１台搭載しています。

　現在の運行は、

新宿発	7：20	「あさぎり1」
〃	13：40	「 〃 5」
沼津発	10：30	「 〃 4」
〃	17：30	「 〃 8」

の４本が小田急の20000形の担当になっており、

沼津発	8：00	「あさぎり2」
〃	15：30	「 〃 6」
新宿発	10：15	「 〃 3」
〃	17：40	「 〃 7」

の４本はＪＲ東海の371系の担当になっています。しかし、371系は１編成しかないため、検査入場のときは全列車小田急20000形の担当となり、あさぎり１号と２号が谷峨駅で交換の際、20000形同士が顔を揃えることで、鉄道ファンの絶好の被写体となっていることはご存じの通りです。

　ここでちょっと余談ですが、ＪＲの乗り入れに

より、小田急線では現在３種類の音色の違った汽笛が聞けます。ＪＲ371系の汽笛は、電気機関車に近い音色。ＪＲ東日本の千代田線直通電車が代々木上原構内で入れ換えの際、鳴らすこともありますが、これは無視して、本厚木まで乗り入れる営団6000系が複音汽笛を響かせています。これに小田急の電車のを加えると、大きく３種の音色の違った汽笛を聞くことができます。もっとも、昔もＨＢ車の汽笛、ＡＢＦや1800形のＡＷ５笛、そして、電気機関車の汽笛と３種類ありました。

　20000形の新宿～沼津運用外の１編成は、常時新宿～箱根湯本の特急運用に使用されています。

新宿発	8：50	「あしがら71」
		（休日は9:00「はこね7」）
箱根湯本発	10：43	「はこね8」
新宿発	12：30	「はこね21」
箱根湯本発	14：13	「あしがら22」
		（休日は「はこね22」）

で走っています。

　箱根登山線内の有効長から145m以下としなければならないので、20m車７両編成となっています。しかし、将来「あさぎり」の乗客が増えて、20000形の編成長を伸ばそうということになったら、どうなるのでしょうか？箱根運用をやめるのでしょうか。それとも、そのころには小田原までの一般車10両化工事に引き続いて、箱根登山線の大改良工事が行なわれているのでしょうか？ファンにとっては、楽しい想像がふくらみます。

歴代
ロマンスカー車両

1910形（2000形）

初めての特急用車両1910形で後に2000形と改番された（1949.9 写真提供・高松吉太郎）

　戦後初めての新造車5編成のうち2編成が特急用として造られました。しかし特急用といっても私鉄の標準設計車なので、急行用ともいうべき扉座席配列なので不満足でした。ともあれツートンカラーの車体は復興と平和を目指す時代のシンボルとして沿線に明るさをもたらしました。

　125馬力のモーターながら2.07という歯車比は、かつて京阪神地区で快速を誇った国鉄のモハ52の2.04につぐ小さい比率で、高速運転を指向していました。もちろん弱め界磁も持っており相模原や足柄平野では駿足を誇っていました。また車内で紅茶の提供を始めたのもこの車からで、旅のくつろぎとリッチな気分を与えてくれました。そして幾多の技術的困難に打ち勝って箱根湯本乗り入れが開始された、昭和25年8月にはこの車が特急で、以後飛躍的に増加した箱根直通客の輸送に大奮闘して、1700形特急専用車出現の基礎を築きました。

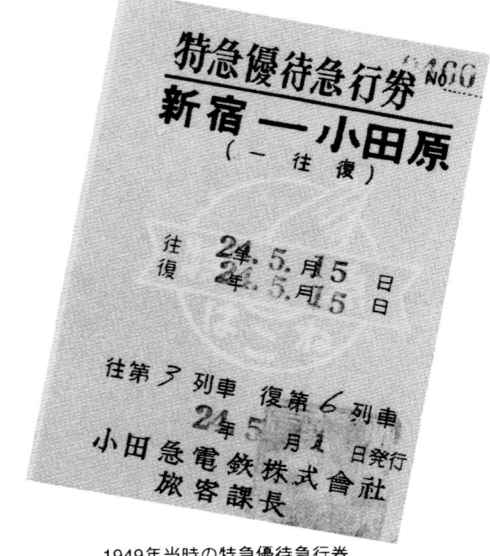

特急優待急行券
新宿 ― 小田原
（一往復）

往 24.5.月5日
復 24.5.月5日

往第3列車 復第6列車
24.5 月 日発行
小田急電鉄株式會社
旅客課長

1949年当時の特急優待急行券

デハ1910並等電動客車
（デハ1911～1914）

サハ1960並等付随客車
（サハ1961、1962）

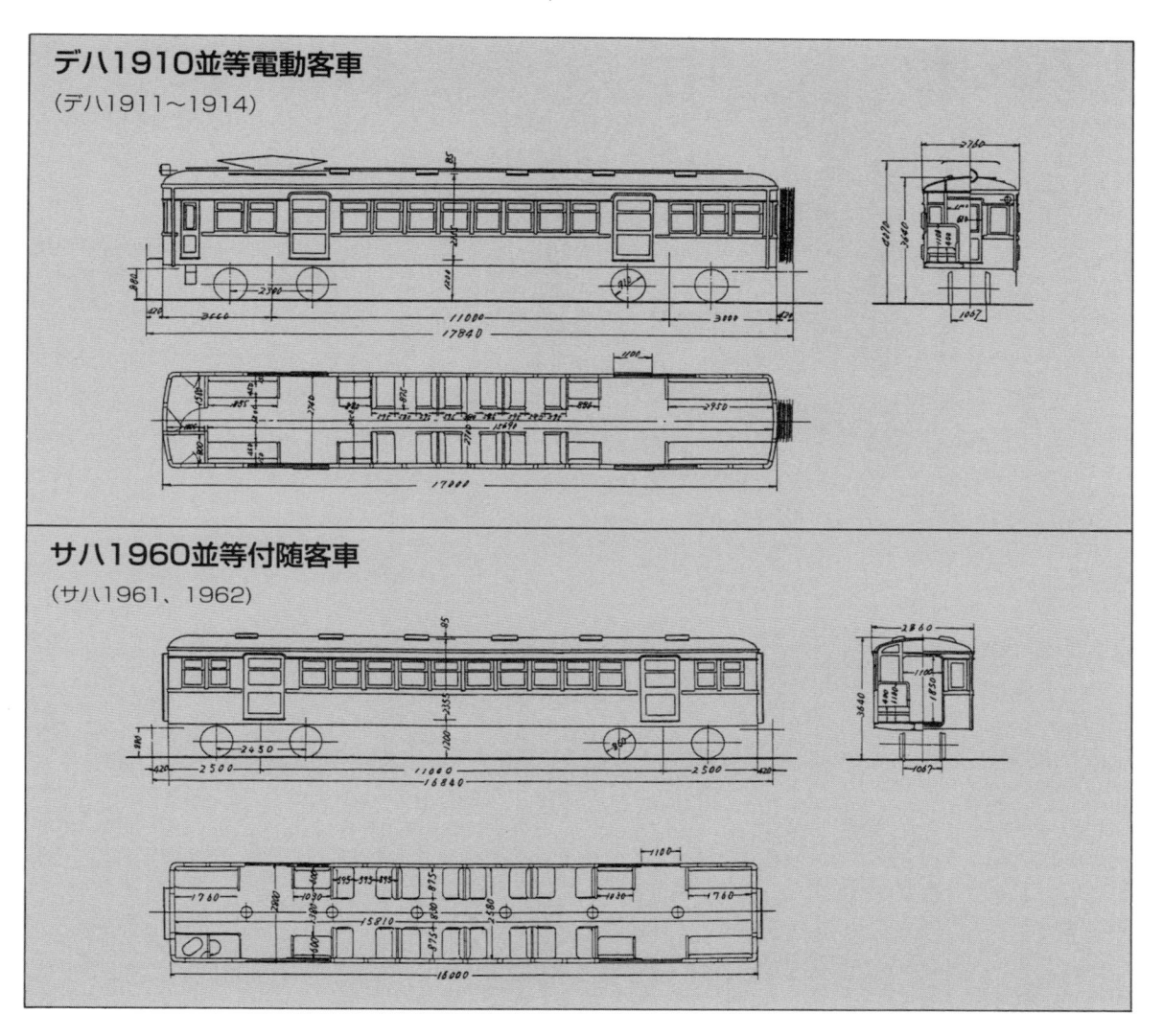

小田急1910形（2000形）諸元

形　式	デハ1910	サハ1960	固定軸距	2300	2450
番　号	1911～1914	1961～62	車輪直径	910	860
自　重	40.00	30.00	主電動機形式	MB146CF	-
定員座席	56	52	出力	93.3KW	-
立席	74	78	駆動装置	ツリカケ	-
計	130	130	歯車比	56:27=2.07	-
最大長さ	17840	16840	制御装置	ABF	-
幅	2760	2860	制動装置	AMM-R	ATM-R
高さ	4095	3640	集電装置	MB·S710cc	-
車体長さ	17000	16000	空気圧縮機	D3F	-
幅	2700	2800	製造所	川崎車輌	東急横浜
屋根高さ	3640	3640	製造初年	1949	1949
床高さ	1200	1200	備　考	のちに2001～4,	元モハ50087
台車中心距	11000	11000		さらに1907～10	クハ65180
連結器高さ	880	880			のちに2051～52
台車形式	KS33E	TR11			さらに1958.1960
方式	ツリアイバリ	同左			

1700形

本格的特急用車両の始まり1700形（1952年ごろ。写真提供・滝川精一）

　箱根乗り入れにより爆発的に増加した特急客に対処するために、座席定員を1910形の154名から186名に増加させた、特急専用の1700形が登場しました。戦災復旧車名義であるが、実質的には新車同様で、当初1600形から借りたモーターと台車も後に新品に振り替えています。オール転換クロスシートと広幅は好評で、夏には夕方からの納涼ビール電車で江ノ島海岸への夕涼みはマスコミにもよく取り上げられました。また1705の編成の大きな前面窓と4個の複音汽笛はファンの注目の的でした。

1700形一次車
（写真提供・小田急電鉄）

小田急1700形諸元

形　式	デハ1700	サハ1750	デハ1700	サハ1750	デハ1700	サハ1750
番　号	1701,2	1751	1703,4	1752	1705,6	1753
自　重	40	32	40	31.5	39.80	31.15
定員座席	60	66	60	66	60	66
立席	0	0	0	0	0	0
計	60	66	60	66	60	66
最大長さ	16870	20000	16870	20000	16870	20000
幅	2863	2863	2863	2863	2863	2863
高さ	4090	3640	4090	3640	4090	3640
車体長さ	16200	19500	16200	19500	16200	19500
幅	2800	2800	2800	2800	2800	2800
屋根高さ	3640	3640	3640	3640	3640	3640
床高さ	1200	1200	1200	1200	1200	1200
台車中心距離	11000	13600	11000	13600	11000	13600
連結器高さ	880	880	880	880	880	880
台車形式	KS33L	MD5	KS33L	TR14	FS108	FS108
方式	ツリアイバリ		ツリアイバリ			
固定軸距	2135	2450	2135	2450	2400	2400
車輪直径	915	860	915	860	910	910
主電動機形式	MB146CF	-	MB146CF	-	MB146CF	-
出力	93.3KW	-	93.3KW	-	93.3KW	-
駆動装置	ツリカケ	-	ツリカケ	-	ツリカケ	-
歯車比	56:27=2.07	-	56:27=2.07	-	56:27=2.07	-
制御装置	ABF		ABF		ABF	
制動装置	AMM-R	ATM-R	AMM-R	ATM-R	AMM-R	ATM-R
集電装置	S-710-C		S-710-C			
補助電源装置	MG		MG			
空気圧縮機	DH-25X2		DH-25X2			
製造会社	東急横浜	東急横浜	日本車輌	日本車輌	日本車輌	日本車輌
製造初年	1951	1951	1951	1951	1952	1952

＊自重実測値　1705:43.21t,1706:43.66t,1753:34.38t,

デハ1700優等電動客車
(デハ1701、1702)

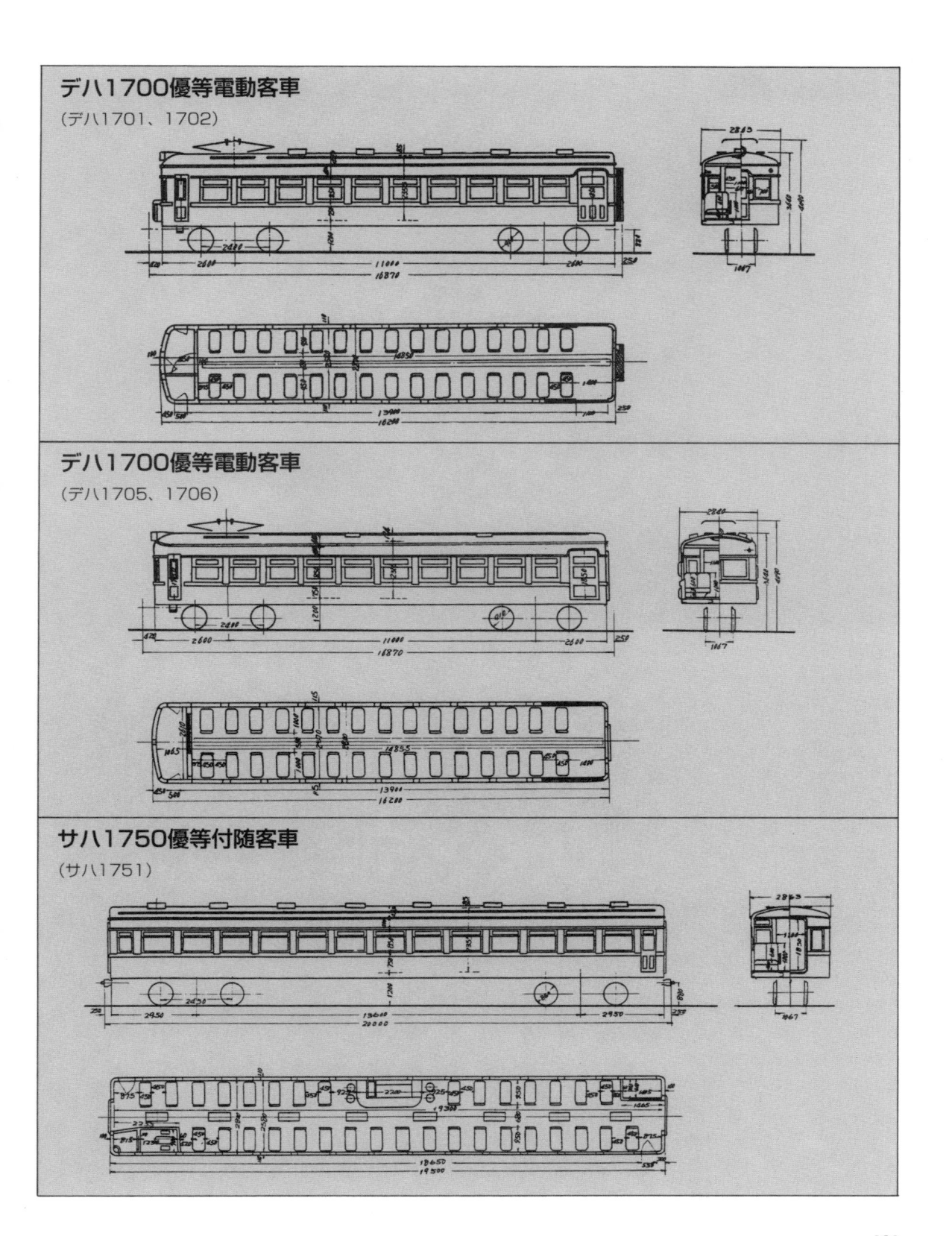

デハ1700優等電動客車
(デハ1705、1706)

サハ1750優等付随客車
(サハ1751)

2300形

軽量カルダン特急車2300形
（1955.4）

　昭和28年ごろから私鉄に軽量車が登場し始め、車体、台車、機器の軽量化と駆動方式の革命が進められていました。小田急でも昭和26年に相模大野～相武台前間でカルダン車の走行試験を日本で初めて行ない、29年1月には軽量車体の2100形を、7月には軽量カルダン車2200形を新造しました。これらは一般通勤用電車ですが、同時に画期的特急車（後に誕生するSE車）の研究も進められていました。

　一方、営業部門から特急車の増備が強く要求されていましたが、いまさら在来の釣掛車でもあるまい、かといってSE車の実現にはまだ時日を要するので、ピンチヒッターとして走行機器は2200形と同一として、車体の窓・座席・トイレ等は特急用とした2300形一編成が新造されました。全電動車の4両編成の高性能車で、100km/hを越える速度で運転が可能でしたが、在来の1700形と混ざって運用されたので、あまり実力は発揮できませんでした。また当初からSE車が完成したら、格下げして2200グループに取り込まれると考えられていましたので，薄幸の特急車といえましょう。

小田急2300形諸元

形　　　　式	デハ2300			
番　　　　号	2301	2302	2303	2304
自　　重　　量	33.5	34.0	34.0	33.5
定　　　　員	60	66	54	60
全　　　　長	17500	17500	17500	17500
全　　　　幅	2900	2800	2800	2900
全　　　　高	3745	4120	4120	3745
床　面　高　さ	1160	1160	1160	1160
台車中心距離	11800	11800	11800	11800
車　体　構　造	普通鋼	普通鋼	普通鋼	普通鋼
台　車　形　式	FS-203-A	FS-203-A	FS-203-A	FS-203-A
固　定　軸　距	2200	2200	2200	2200
車　輪　直　径	860	860	860	860
集　電　装　置	—	PT・41・K	PT・41・K	—
主　M　形　式	MB・3012・B	MB・3012・B	MB・3012・B	MB・3012・B
〃　　出　　力	75	75	75	75
歯　車　比	59:12=4.9	59:12=4.9	59:12=4.9	59:12=4.9
駆　動　方　式	直角カルダン	直角カルダン	直角カルダン	直角カルダン
連　結　器	日鋼式小型密着式自動連結器および棒連結器			
制　御　装　置	ABFM	ABFM	ABFM	ABFM
制　動　装　置	HSC-D	HSC-D	HSC-D	HSC-D
製　造　会　社	東急車輌	東急車輌	東急車輌	東急車輌
製　造　初　年	1955	1955	1955	1955
備　　　　考	運転室	トイレ	喫茶放送	運転室

デハ2300形優等電動客車

（デハ2301、2304）

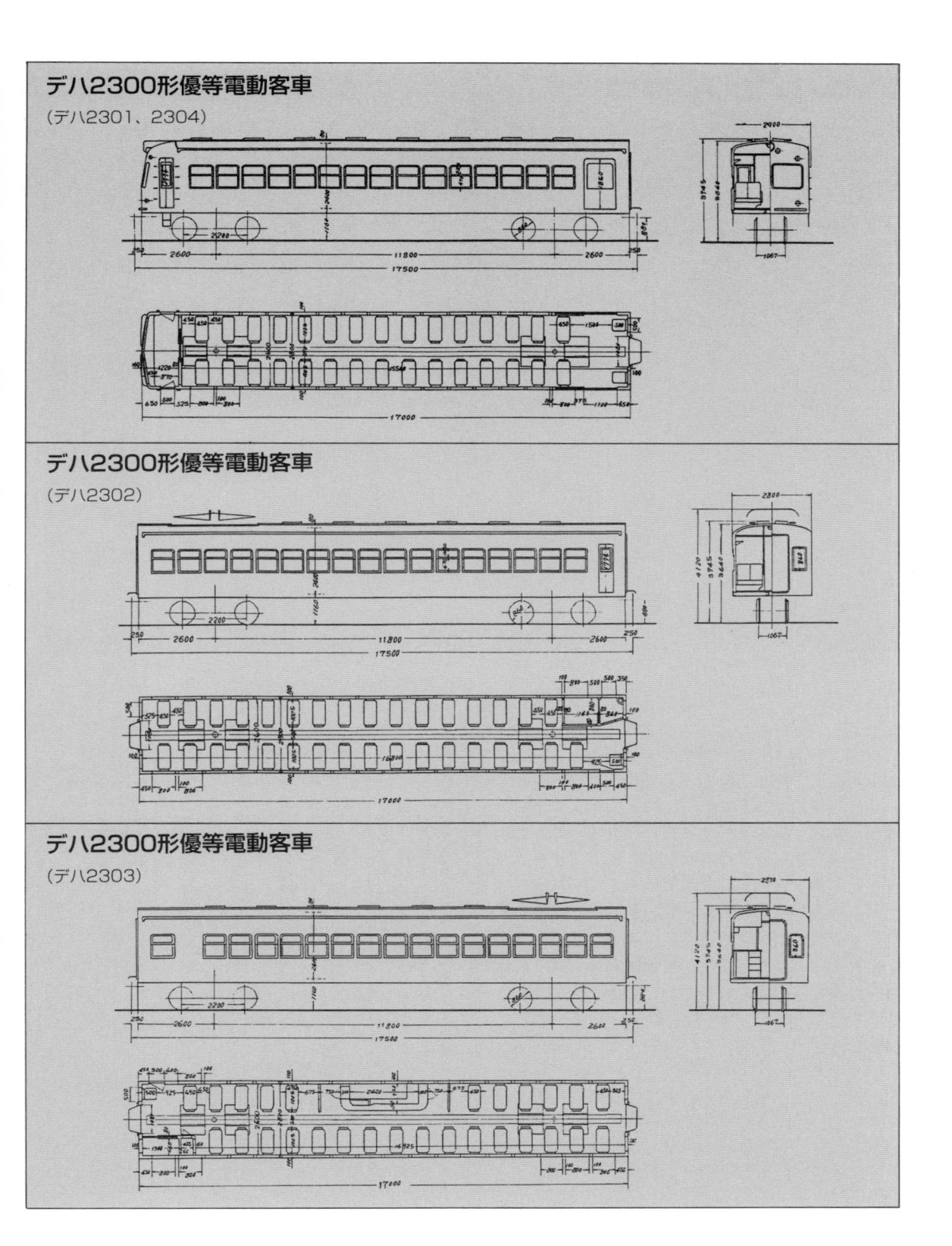

デハ2300形優等電動客車

（デハ2302）

デハ2300形優等電動客車

（デハ2303）

3000形／SE

日本の高速鉄道車両の始祖3000形／ＳＥ（1951.5.23 経堂工場）

　戦後日本にはアメリカの文化が滔々と流れ込んできました。その中でもアメ車と呼ばれたアメリカの乗用自動車は庶民の願望の的でした。しかし鉄道車両はアメリカよりも、ヨーロッパに目が向けられていました。なぜかと言うと、アメリカ車は頑丈だが重く細密さに欠ける、と見られていました。同じ人数を運ぶなら軽い車である方がエネルギーの消費量は少なくてすみます。安全を確保してどこまで軽くて丈夫な車が出来るかが問題でした。そしてその極限を追求してスピードに挑んだのがＳＥ車だったのです。車両編成長当たり自重（車両重量）が小さい方がエネルギー効率は良いわけで、ＳＥ車の1.36という数字は、それまでの1700形の2.08、軽量化された2300形の1.93に比べて格段に小さく、最近の新車でも1.8位を示しているのをみると、驚きです。また自重あたり出力の8.18という数字はＨｉＳＥと同じですが、ＳＥ車の総出力が1200kW、ＨｉＳＥが2240kWということは、如何に省エネの高速電車か、お分りいただけることと思います。

小田急3000形／ＳＥ諸元

形　　　式	ＳＥ　デハ3000								
番　　　号	3001	3002	3003	3004	3005	3006	3007	3008	
自　　重	24.87	17.19	16.00	16.28	15.13	15.75	17.19	24.34	計146.75
定　　員	52	40	38	44	44	38	40	52	計348
全　　長	15950	12700	12700	12700	12700	12700	12700	15950	計108100
全　　幅	2864	2864	2800	2800	2800	2800	2864	2864	
全　　高	3450	4015	3450	3450	3450	3450	4015	3450	
床 面 高 さ	車体中央　875，　台車上　1000								
台車中心距離	12600	12700	12700	……………………			12700	12600	
車 体 構 造	普通鋼・耐食鋼　モノコック構造								
台 車 形 式	（M）KD17，（T）KD18								
台 車 構 造	シュリレーン形								
固 定 軸 距	（KD17）2200，（KD18）2000								
車 輪 直 径	840								
集 電 装 置	PT・42・K								
主 M 形 式	TDK・806/1・A								
〃　出　力	100kW								
歯 車 比	78:21=3.71								
駆 動 方 式	中空軸平行カルダン								
連 結 器	格納式自連形非常用連結器								
制 御 装 置	MPM　4M制御電動カム軸式　力行14＋3　制動14段								
補 助 電 源	CLG－315　3相交流　24－18KW　AC 220V								
制 動 装 置	HSC－D								
空 気 圧 縮 機	M－20－D　628ℓ/min								
製 造 会 社	日本車輌　川崎車輌								
製 造 初 年	1957								
備　　考	運転室	トイレ	喫茶		喫茶	トイレ	運転室		

デハ3000形連接優等電動客車
（デハ3001、3011、3021、3008、3018、3028）

デハ3000形連接優等電動客車
（デハ3002、3012、3022）

デハ3000形連接優等電動客車
（デハ3003、3013、3023）

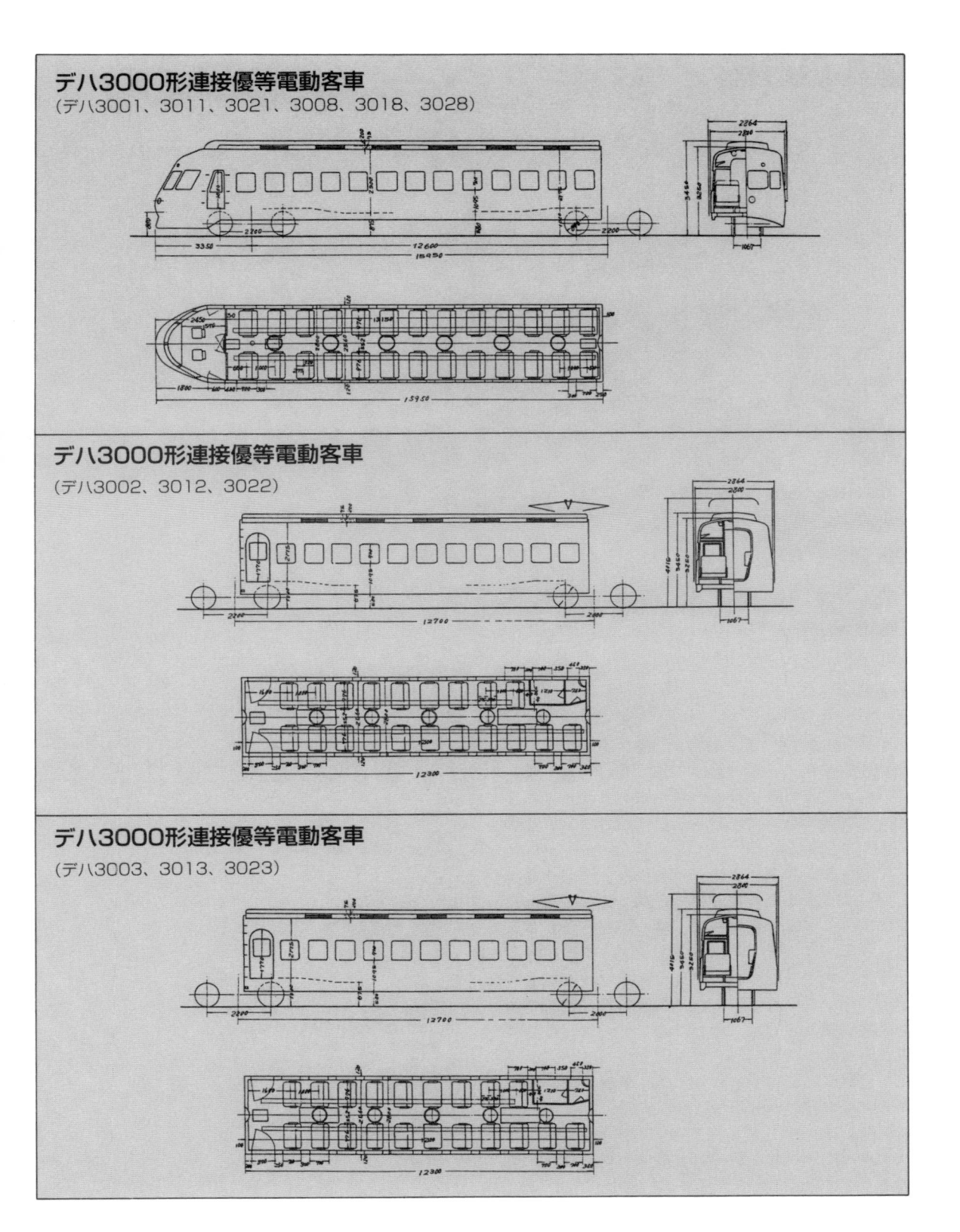

3100形／NSE

2階運転室の始まり3100形／ＮＳＥ

　子供にとって電車や自動車の前の窓から進行方向を眺めることは楽しいことです。いや子供だけでなく大人でも楽しいという人も少なくありません。戦前の私鉄では運転室が片隅にあり、その反対側の客席が一番前の窓まであった車もありました。しかしその後乗務員の作業のため、車両の全幅を乗務員室として仕切られ、一時は客席との間のガラス窓もない車も出てきました。

　昭和38年の特急車を造るにあたり、客席から前方が見える車を造ろうという声が上がりました。お手本はイタリアのセッテベロという特急車でした。運転室は当然2階に上げますが、その昇降をどうするかが問題でした。セッテベロは運転室の下まで塔のように仕切られて、後方の客室からは前方が見通せません。そこで種々工夫された結果現在の形になりました。前面展望方式はわずかの差で名鉄に先を越されましたが、名鉄では運転室の昇降は車体の外部から行なう方法としました。前面展望室スタイルは小田急の特急車の条件のようになって、現在も展望席を指定して特急券を求める人が少なくないようです。

小田急3100形／ＮＳＥ諸元

形　　式	ＮＳＥ デハ3100											
番　　号	3101	3102	3103	3104	3105	3106	3107	3108	3109	3110	3111	
自　　重	28.40	18.83	18.41	17.93	18.33	18.76	18.33	17.93	18.41	18.83	28.40	計222.56
定　　員	50	44	36	36	44	44	44	36	36	44	50	計464
全　　長	16430	12400	12400	12400	12400	12400	12400	12400	12400	12400	12400	計144470
全　　幅	2900	2900	2900	2900	2900	2900	2900	2900	2900	2900	2900	
全　　高	4000	4015	3435	3435	4015	3435	4015	3435	3435	4015	4000	
床 面 高 さ	車体中央部 1000,　台車上 1100											
台車中心距離	12430	12400	12400	……………………………						12400	12430	
車 体 構 造	普通鋼											
台 車 形 式	(M) FS346　(T) FS46											
台 車 構 造	住友ミンデン・タイプ											
固 定 軸 距	2200											
車 輪 直 径	(FS346) 860,　(FS46) 762											
集 電 装 置	PT42K3											
主 Ｍ 形 式	TDK 807A											
出　　力	110KW 370V 330A 2250rpm											
歯 車 比	75/19 3.95											
駆 動 方 式	KD 309 A 平行軸可とう接手											
連 結 器	格納式自連形非常用連結器											
制 御 装 置	MCM 力行14＋4 電制14＋4 8Ｍ制御 2組											
補 助 電 源	MG CLG326E 60ＫＶＡ 60～220V											
制 動 装 置	ＨＳＣ－Ｄ											
空 気 圧 縮 機	ＡＲ－１　960 ℓ/min											
製 造 会 社	日本車輛　川崎車輛											
製 造 初 年	1963											

デハ3101制御電動車
（更新修繕後）

デハ3102電動車
（更新修繕後）

デハ3103電動車
（更新修繕後）

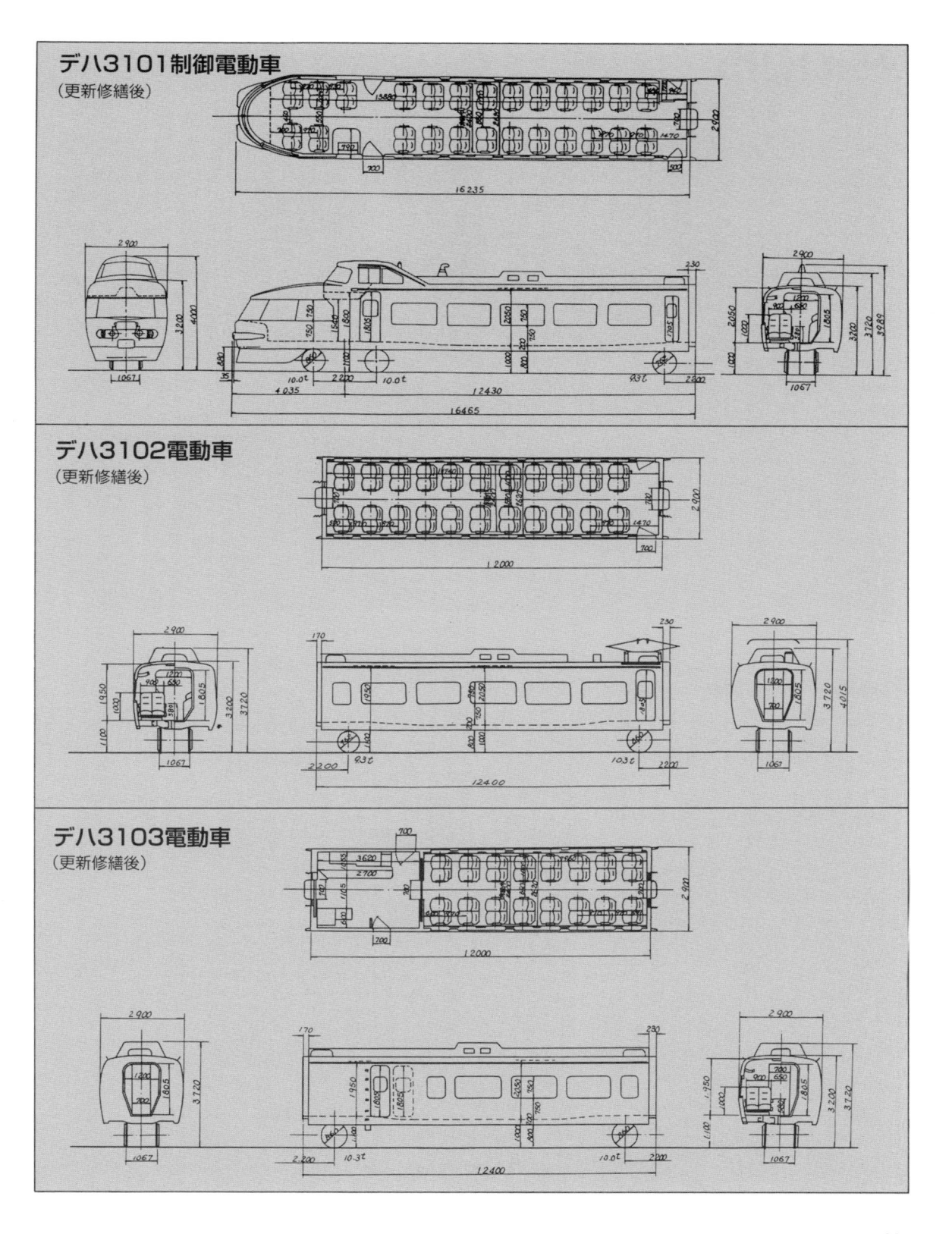

7000形／LSE

最初の意図と違った7000形／LSE（1980.12.8 海老名検車区）

NSE車の出現したのは昭和38年でした。そして最後の第7編成が新造されたのは昭和42年3月でした。昭和40年代は高度成長に伴う東京通勤圏の拡大と通勤ラッシュの激化に対応して通勤車は2600、4000、5000、9000の各形式が相次いで登場しましたが、特急車の増備はなく、わずかに御殿場線電化に伴い連絡急行が気動車からSSEに置き換えられただけでした。

そして、LSEが生まれたのは、昭和55年も押しつまった12月のことでした。車両運用と指定券発売を考慮して、NSEに準じて造られましたが、機器等は新しい技術を採用しており、この車もブルーリボン賞を受賞しています。特筆することは連接車とボギー車の比較試験を行なうために、国鉄に貸し出され東海道線で高速運転をしたことです。私鉄の電車が高速試験のため国鉄線上を走ったのは、SE車とこのLSE車くらいで、当時のマスコミはあまり取り上げませんでしたが、特筆に値することだと思っています。LSE車をファンの立場から言うならば、もっと前頭形状に斬新さがあっても良かったと思います。

小田急7000形／LSE諸元

形　　式	LSE デハ7000，サハ7050											
番　　号	7001	7101	7051	7201	7301	7401	7501	7601	7151	7701	7801	計267.44
自　　重	32.60	22.96	22.07	22.13	22.69	22.54	22.69	22.13	22.07	22.96	32.60	
定　　員	50	44	32	36	44	44	44	36	32	44	50	計456
全　　長	16390	12500	12500	12500	12500	12500	12500	12500	12500	12500	16310	計145200
全　　幅	2900	2900	2900	2900	2900	2900	2900	2900	2900	2900	2900	
全　　高	4060	4015	3835	3835	4015	3835	4015	3835	3835	4015	4060	
床 面 高 さ	展望室 1000，一般 1100											
台車中心距離	12540	12500	12500	………………………………………………					12500	12460		
車 体 構 造	普通鋼											
台 車 形 式	(M) FS508A，FS508B，(T) FS008											
台 車 構 造	アルストム タイプ 枕バネは標準スミライド空気バネ											
固 定 軸 距	2200											
車 輪 直 径	860											
集 電 装 置	PT4212S-AM											
主 M 形 式	TDK-8420-A MB-3262-A											
〃　出　力	140KW 375V 420A 1900rpm											
歯 車 比	80/19=4.21											
駆 動 方 式	平行カルダンたわみ接手 KD333-A-M											
連 結 器	格納式密着連結器											
制 御 装 置	力行 全13段 弱め4段 制動16段											
補 助 電 源	CLG350A 3～200V 140KVA											
制 動 装 置	MBS 電気指令式											
空 気 圧 縮 機	C-2000L											
製 造 会 社	日本車輛 川崎重工											
製 造 初 年	1980											

デハ7001制御電動車

デハ7101電動車

サハ7051付随車

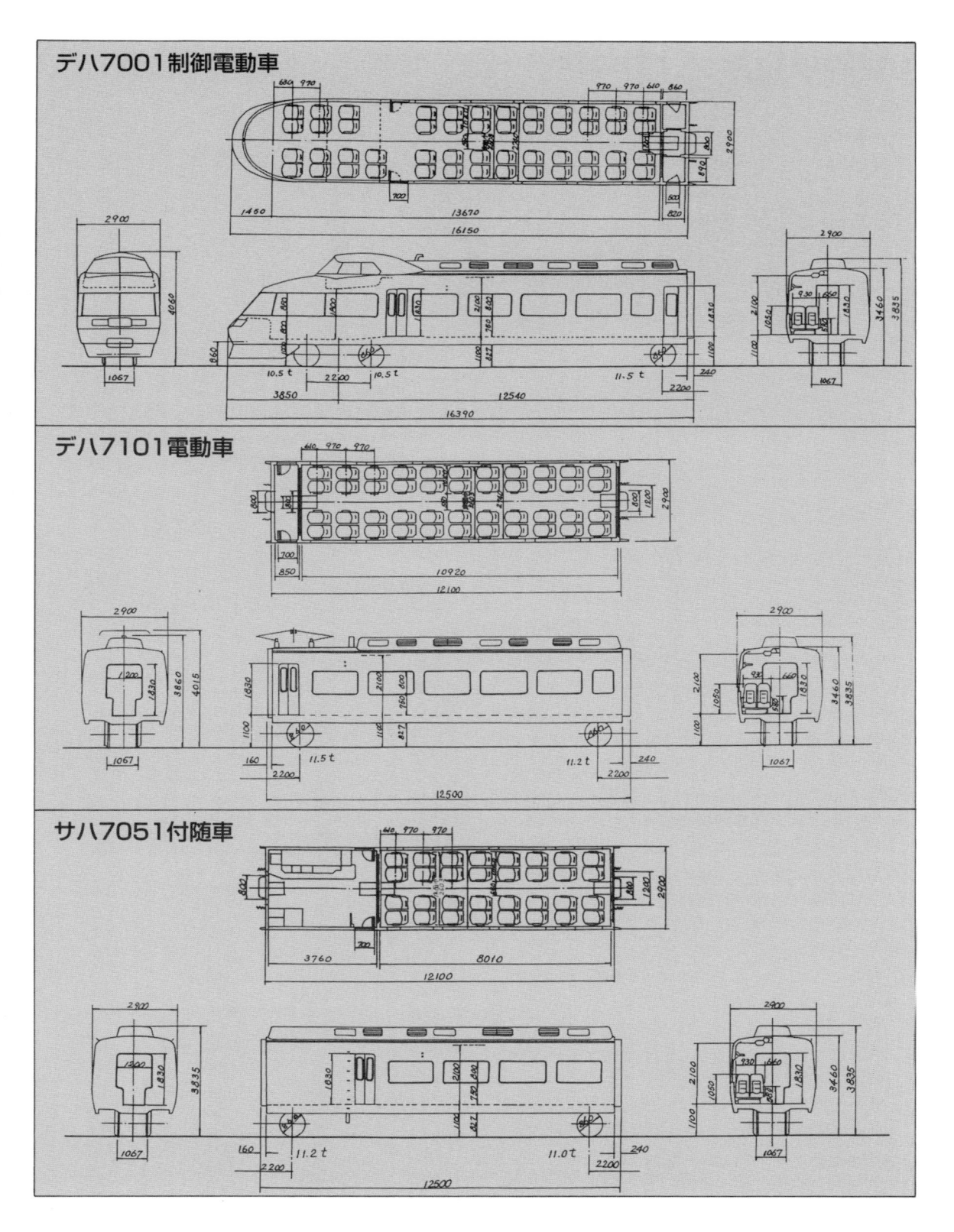

10000形／HiSE

ハイデッカー10000形／HiSE（1993.1.3 柿生—鶴川間）

観光バスで流行りだしたハイデッカーは鉄道車両にも及んできました。昭和61年にJR北海道で登場したフラノエクスプレスはハイデッカー構造で好評を博しました。そして各地でハイデッカーが出現しました。乗客が少しでも高いところから眺めようとする潜在的欲求がある時代だったのでしょう。小田急が昭和62年12月から営業を開始した10000形はハイデッカーとしました。SE車の低重心思想は放棄したのかとも言われました。しかし、展望室は座席を階段状として一層眺めがよくなりました。前頭形状は傾斜角を37度と強くし、運転室を前進させシャープな感じを強くしました。また最新の技術を接客・保安・運転・保守の各面に渡って、積極的に採用しています。外部塗色は白の部分が多くなり、赤はワインレッド系の2色の組み合わせとなりました。車両というものは鉄道会社にとって、看板でありシンボルなのです。しかしその時の会社のトップの意向により、担当者の迷いが出たり、新しいものへのチャレンジ精神が感ぜられたりするというのは、ファンの、うがち過ぎた見方でしょうか。

小田急10000形／HiSE諸元

形式	HiSE 10000　デハ10000, サハ10000										
番号	10001	10002	10003	10004	10005	10006	10007	10008	10009	10010	10011
自重	32.7	22.5	22.6	21.2	25.4	25.0	25.4	21.2	22.6	22.5	32.9	計274.0
定員	46	44	28	32	44	44	44	32	28	44	46	計432
全長	16390	12600	12600	12600	12600	12600	12600	12600	12600	12600	16310	計146100
全幅	2900	2900	2900	2900	2900	2900	2900	2900	2900	2900	2900
全高	4179	4190	4050	4050	4190	4050	4190	4050	4050	4190	4179
床面高さ	展望室 1000, 一般 1510										
台車中心距離	12540	12600	12600	12600	12600	12600	12600	12600	12600	12600	12460
車体構造	普通綱, ハイデッカー										
台車形式	(M) FS533A, FS533B, (T) FS033										
台車構造	アルストム・タイプ 枕バネは標準スミライド空気バネ										
固定軸距	2200										
車輪直径	860										
集電装置	PT4823AM										
主M形式	TDK8420A　MB3262A										
〃 出力	140KW　375V　420A　1900rpm										
歯車比	80/19=4.21										
駆動方式	平行カルダンたわみ 板継手										
連結器	格納式密着連結器										
制御装置	力行 全13段 弱め4段 制動 16段										
補助電源	静止形インバータ BS483M										
制動装置	MBS電気指令式										
空気圧縮機	C2000L										
製造会社	日本車輛　川崎重工										
製造初年	1987										

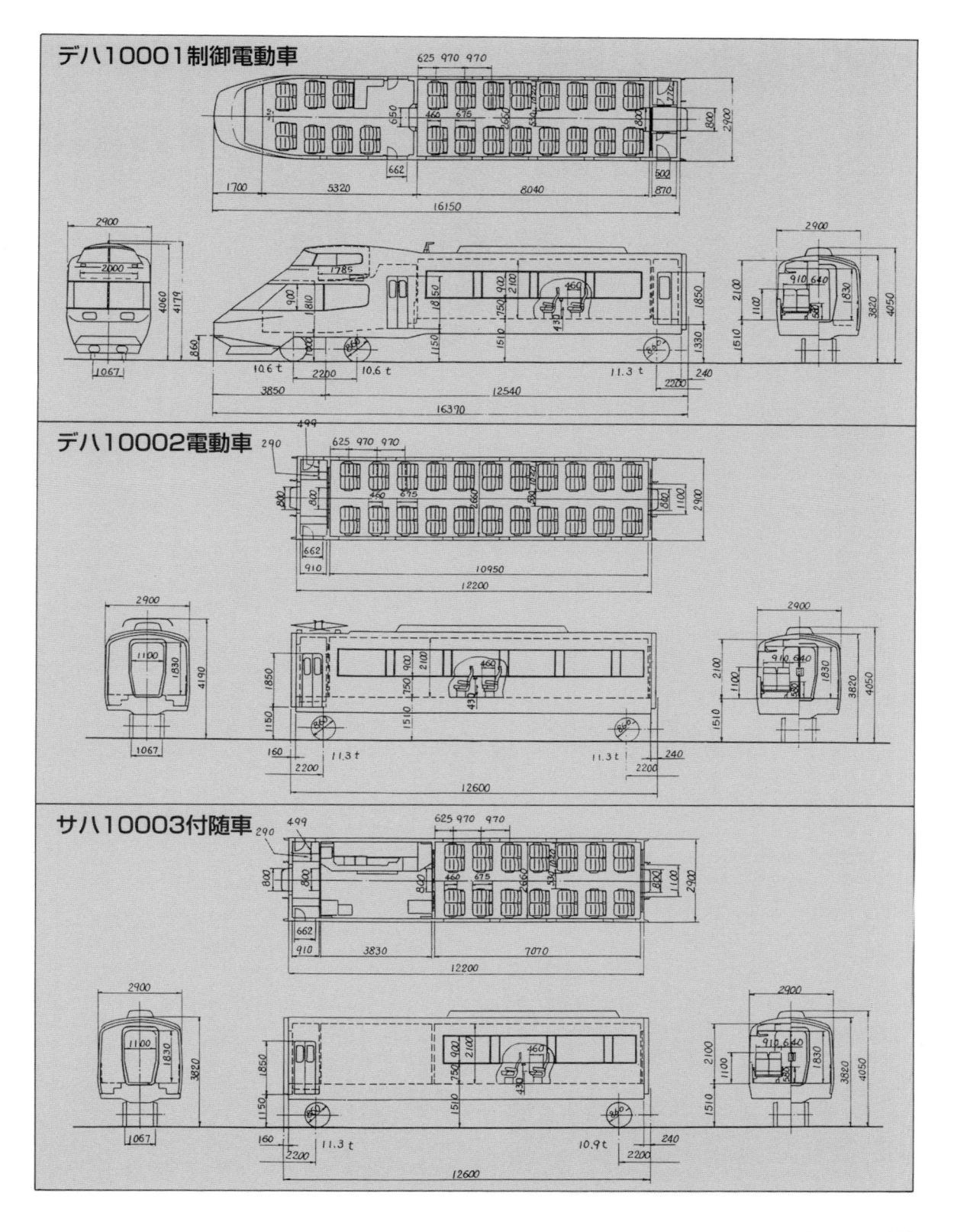

デハ10001制御電動車

デハ10002電動車

サハ10003付随車

20000形／RSE

JR東海371系と競い合う20000形／RSE（1990.12.26 経堂検車区）

　歴代の小田急ロマンスカーの中では異質ととらえるファンが多いようです。なぜなら、連接車でないこと、色がブルー系で特急のレッド系でないこと、運転室が2階でないこと、スーパーシートが設けられたこと等、御殿場線相互乗り入れのため、JR東海との共通仕様によるもので、やむを得ませんが、この次に現れる新特急車によって、RSEが全く異質な存在か、ある程度過度的性質を持つ車かが判明することでしょう。しかし小田急カラーはやはり相当強い車です。

20000形のダブルデッカー車，サハ20050形

小田急 20000形／RSE 諸元

形　　　式	RSE　デハ20000, サハ20050							
番　　　号	20001	20051	20101	20151	20251	20201	20301	
自　　　重	43.5	37.7	42.1	40.0	40.1	43.2	44.8	計291.4
定　　　員	60	60	68	44	50	60	60	計402
内 特別席				32	32			
全　　　長	20900	20000	20000	20250	20250	20000	20900	計142300
全　　　幅	2900	2900	2900	2900	2900	2900	2900	
全　　　高	4190	4190	4093	4040	4040	4190	4190	
床 面 高 さ	運転室 1180, 出入口 1180, 一般 1F 1580, 2F 2080, 1F 190							
台車中心距離	13800	13800	13950	13950	13950	13800	13800	
車 体 構 造	ハイデッカー	ハイデッカー	ハイデッカー	ダブルデッカー	ダブルデッカー	ハイデッカー	ハイデッカー	
台 車 形 式	(M) FS546, (T) FS046							
台 車 構 造	アルストム　タイプ　低形シャーパック付スミライド							
固 定 軸 距	(FS546) 2200,（FS046）2100							
車 輪 直 径	860							
集 電 装 置	PT4823							
主 M 形 式	TDK8420A　MB3262A							
〃 出 力	140KW　375V　420A　1900rpm							
歯 車 比	80/19＝4.21							
駆 動 方 式	平行カルダンたわみ　板継手							
連 結 器	格納式密着連結器							
制 御 装 置	力行 全13段　弱め4段　制動16段							
補 助 電 源	静止形インバーター　3P　200V　60Hz　140KVA							
制 動 装 置	MBS							
空 気 圧 縮 機	C－2000L							
製 造 会 社	日本車輛　川崎重工							
製 造 初 年	1991							

デハ20001制御電動車

サハ20151付随車

サハ20251付随車

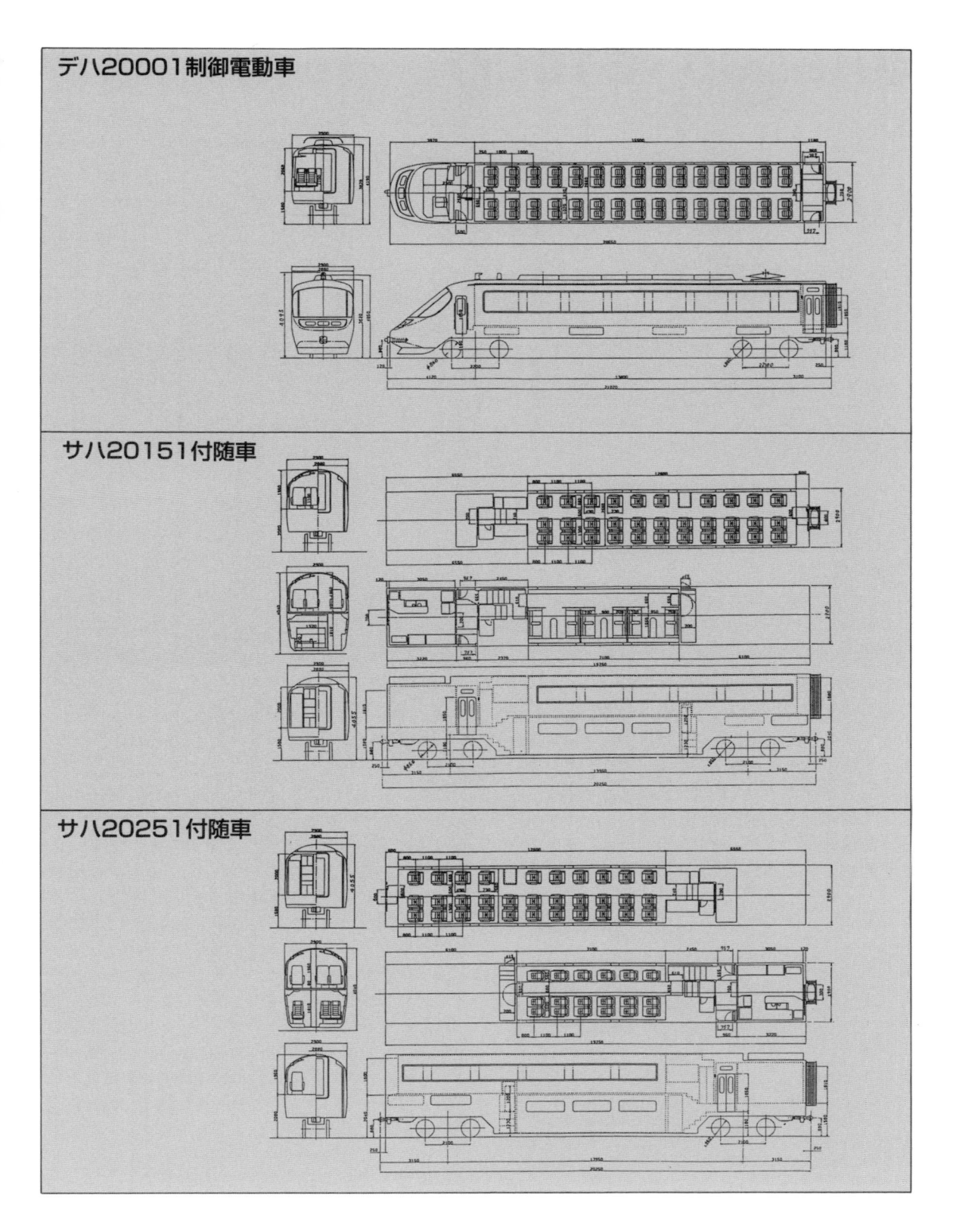

キハ5000・5100形

今はなきキハ5000形（1968.6 御殿場線 御殿場駅）

電気鉄道でありながら気動車を所有・運転していた、あるいは運転している例は少なくありません。戦前の東横から戦後の南海・東武など、そして現在の名鉄まで大手私鉄でも例はあります。小田急も昭和30年から昭和43年までディーゼルカーを4両保有していました。非電化であった御殿場線へ直通列車を走らせるためで、小田急線では架

キハ5000形のＴＳ104台車

線の下をパンタグラフのない車が走りました。

御殿場線はご存じのように急勾配線区で、戦前にはマレー形強力ＳＬが投入されたこともありました。戦後ローカル非電化区間の花形は液体式ディーゼルカーとなりましたが、1両1エンジンでは御殿場線のような25‰勾配が連続しているところでは、列車速度は24〜25km/hしか上げられず、ＳＬ運転時のダイヤを維持出来ませんでした。このため国鉄ではＤＭＨ17Ｂエンジン2台を床下に吊り下げたキハ50形を昭和29年に2両製作しましたが、長さが22mでした。そこで標準の20mのキハ51を製作しましたが、これよりわずかに早く小田急のキハ5000形2エンジン車が竣工しました。

1910、1700形と同じく黄色と青色に塗り分けられたキハは、小田急線内は特急、御殿場線内は準急として、エンジン音も軽やかに富士に向かって快走しました。片側1扉オールクロスシートＷＣ付き、丸みの強い前頭、ノーシル・ノーヘッダーの車は人気が高かったようです。

キハ5000形並等内燃動車

(キハ5001、5002)

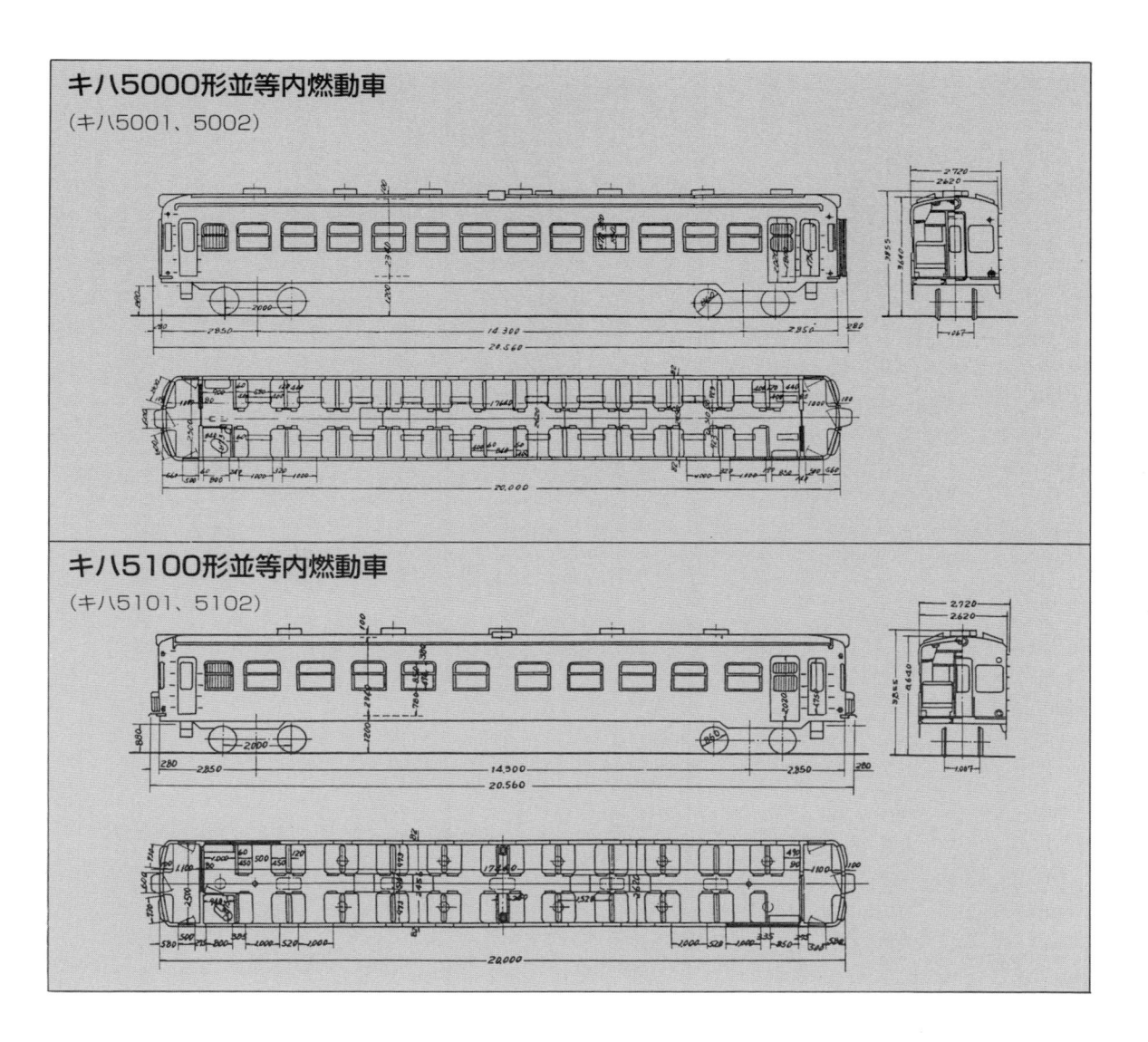

キハ5100形並等内燃動車

(キハ5101、5102)

小田急5000・5100形諸元

形　式	キハ5000	キハ5100	
番　号	5001、5002	5101	5102
自　重	38 t（運転整備40 t）		
定　員	94	82	
座　席	94	82	
立　席	0	0	
全　長	20560	20560	20560
全　幅	2720	2720	2720
全　高	3855	3855	3855
床面高さ	1200	1200	1200
台車中心距離	14300		
車体構造	普通鋼		

台車形式	T S 104		
台車構造	ウイングバネ		
固定軸距	2000		
車輪直径	560		
集電装置	—		
機関形式	DMH17B1 x 2		
〃 出力	180HP		
変速機	TC－2		
連結器	自動連結器		
製造会社	東急車輛（振興造機）		
製造初年	1955	1956	1959

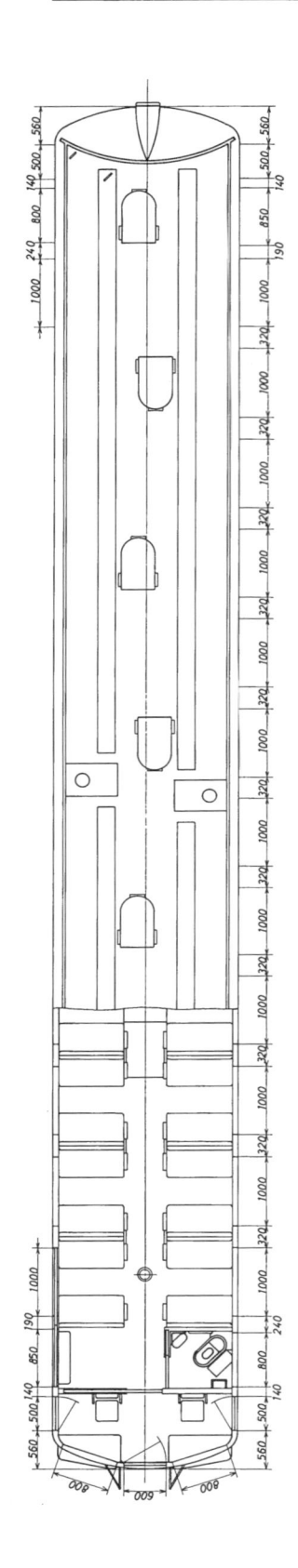
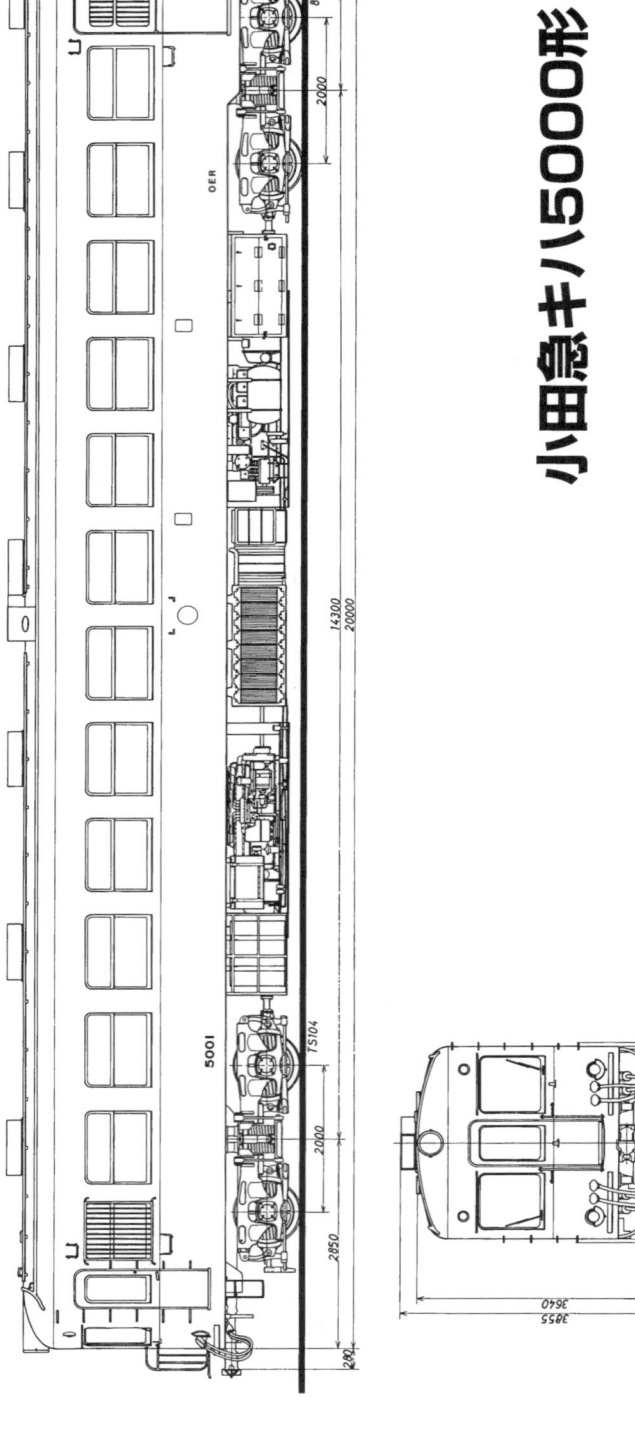

小田急キハ5000形

縮尺●1/100
作図●高間恒雄

OER

5001

TS104

歴代ロマンスカーの編成 （左が新宿方向）

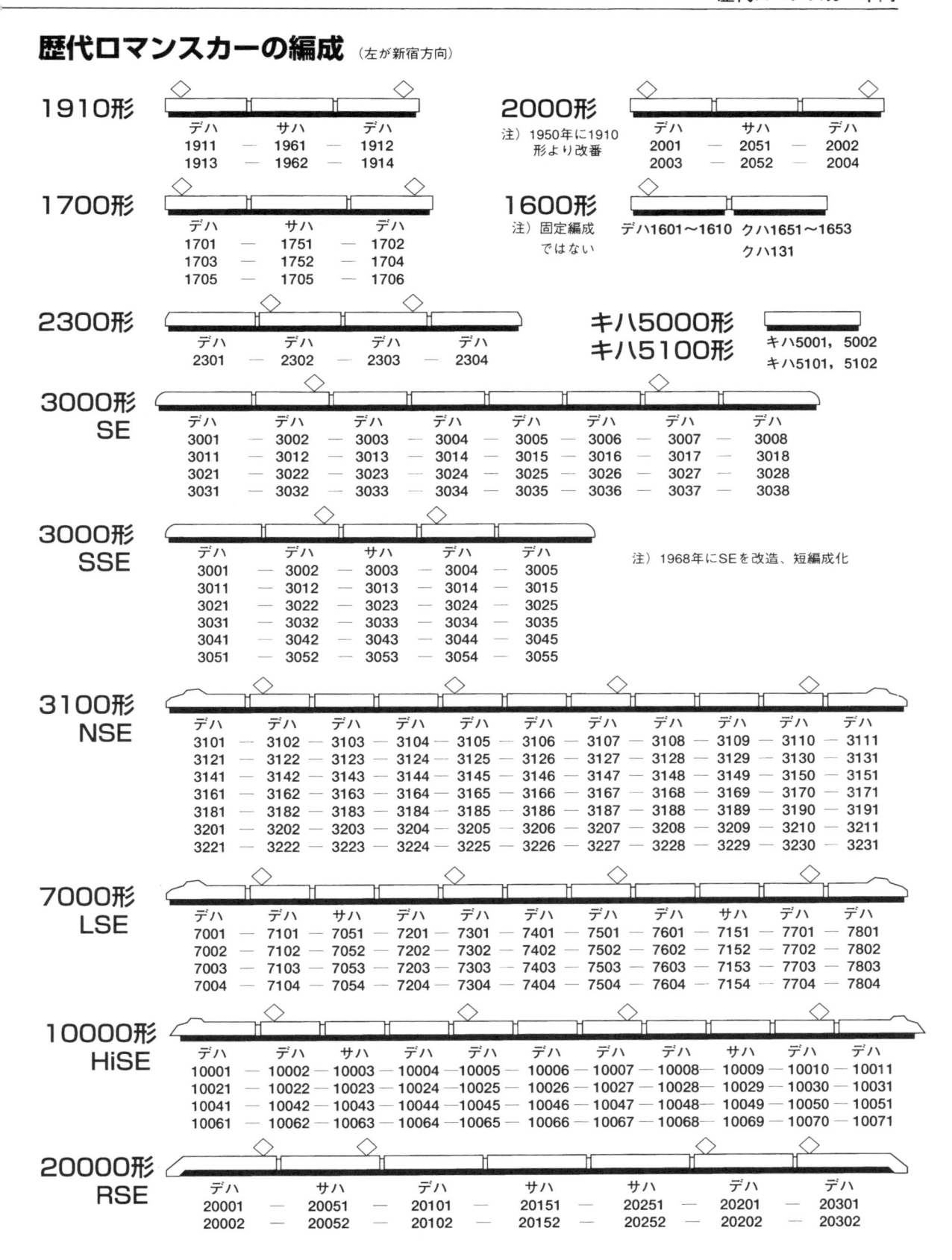

1910形

デハ	サハ	デハ
1911	1961	1912
1913	1962	1914

2000形　注）1950年に1910形より改番

デハ	サハ	デハ
2001	2051	2002
2003	2052	2004

1700形

デハ	サハ	デハ
1701	1751	1702
1703	1752	1704
1705	1705	1706

1600形　注）固定編成ではない

デハ1601～1610　クハ1651～1653
クハ131

2300形

デハ	デハ	デハ	デハ
2301	2302	2303	2304

キハ5000形
キハ5100形

キハ5001, 5002
キハ5101, 5102

3000形 SE

デハ	デハ	デハ	デハ	デハ	デハ	デハ	デハ
3001	3002	3003	3004	3005	3006	3007	3008
3011	3012	3013	3014	3015	3016	3017	3018
3021	3022	3023	3024	3025	3026	3027	3028
3031	3032	3033	3034	3035	3036	3037	3038

3000形 SSE

デハ	デハ	サハ	デハ	デハ
3001	3002	3003	3004	3005
3011	3012	3013	3014	3015
3021	3022	3023	3024	3025
3031	3032	3033	3034	3035
3041	3042	3043	3044	3045
3051	3052	3053	3054	3055

注）1968年にSEを改造、短編成化

3100形 NSE

デハ	デハ	デハ	デハ	デハ	デハ	デハ	デハ	デハ	デハ	デハ
3101	3102	3103	3104	3105	3106	3107	3108	3109	3110	3111
3121	3122	3123	3124	3125	3126	3127	3128	3129	3130	3131
3141	3142	3143	3144	3145	3146	3147	3148	3149	3150	3151
3161	3162	3163	3164	3165	3166	3167	3168	3169	3170	3171
3181	3182	3183	3184	3185	3186	3187	3188	3189	3190	3191
3201	3202	3203	3204	3205	3206	3207	3208	3209	3210	3211
3221	3222	3223	3224	3225	3226	3227	3228	3229	3230	3231

7000形 LSE

デハ	デハ	サハ	デハ	デハ	デハ	デハ	デハ	サハ	デハ	デハ
7001	7101	7051	7201	7301	7401	7501	7601	7151	7701	7801
7002	7102	7052	7202	7302	7402	7502	7602	7152	7702	7802
7003	7103	7053	7203	7303	7403	7503	7603	7153	7703	7803
7004	7104	7054	7204	7304	7404	7504	7604	7154	7704	7804

10000形 HiSE

デハ	デハ	サハ	デハ	デハ	デハ	デハ	デハ	サハ	デハ	デハ
10001	10002	10003	10004	10005	10006	10007	10008	10009	10010	10011
10021	10022	10023	10024	10025	10026	10027	10028	10029	10030	10031
10041	10042	10043	10044	10045	10046	10047	10048	10049	10050	10051
10061	10062	10063	10064	10065	10066	10067	10068	10069	10070	10071

20000形 RSE

デハ	サハ	デハ	サハ	サハ	デハ	デハ
20001	20051	20101	20151	20251	20201	20301
20002	20052	20102	20152	20252	20202	20302

小田急ロマンスカー略史

大正12(1923). 5. 1　小田原急行鉄道株式会社創立
昭和 2 (1927). 4. 1　新宿－小田原間開業
昭和 4 (1929). 4. 1　大野（信号所）－片瀬江ノ島間開業
昭和10(1935). 6. 1　週末温泉急行運転開始（17年 1 月まで）
昭和23(1948). 8.13　1853＋1805で特急試運転、所要95分20秒
　　　　　　 8.27　1607＋1601（MTc）で特急試運転、所要
　　　　　　　　　　95分20秒
　　　　　　10.16　新宿－小田原間ノンストップ特急運転開始、
　　　　　　　　　　所要100分。特急対応車（1607＋1651、1601＋
　　　　　　　　　　1602、1610＋1315）による。 1 両定員45名
昭和24(1949). 7. 9　特急に1901＋1902を暫定使用
　　　　　　 8. 6　特急1910形（後に2000形）就役
　　　　　　 8.13　1911＋1912、1913＋1914就役（サハ挿入は 9 月）
　　　　　　 9.11　1961使用開始
　　　　　　 9.17　特急毎日運転 3 レ 4 レ。 1 列車定員152名
　　　　　　10. 1　特急毎日運転開始
昭和25(1950). -. -　車号改正。1910形は2000形に
　　　　　　 8. 1　箱根登山鉄道小田原－箱根湯本間 3 線乗り入れ
　　　　　　　　　　（特急・急行）
　　　　　　10. -　特急 1 日 3 往復運転開始
昭和26(1951). 2. 1　特急専用車1700形就役、1701×3
　　　　　　 7. -　納涼ビール電車開始
　　　　　　 8.20　1703×3 就役。この日から座席指定制になり
　　　　　　　　　　 1 列車184名
昭和27(1952). 8.10　1705×3 就役
　　　　　　10. -　1701×3 の台車をFS108に変更
昭和28(1953). 3. -　JREA（日本鉄道技術協会）高速試験
　　　　　　 3. -　1703×3 の台車をFS108に変更
　　　　　　 6. -　2000形を栗色塗装に変更
　　　　　　 7. -　1701×3 の一般検査に際し、白百合マークを
　　　　　　　　　　入れる
昭和29(1954). 7.19　社内第七回軽量車研究会にて、新特急車製作
　　　　　　　　　　の時期・構造など検討
　　　　　　 8. -　1701×3、1703×3 の蛍光灯化
　　　　　　 9.11　3000形（SE車）製作を決定
　　　　　　 9. -　2050形放送室・便所撤去
　　　　　　10.25　第1回SE会議開催（30年 1 月10日までに 8 回
　　　　　　　　　　開催）
　　　　　　10.19　SE車製作にあたり、鉄道技術研究所の技術
　　　　　　　　　　指導を依頼
　　　　　　11.25　2100形でテレビ受像テスト（26日も実施）
昭和30(1955). 1.19　第12回軽量車研究会にて共同設計メーカー
　　　　　　　　　　選定（ 1 月26日に決定）
　　　　　　 1.25　SE車仕様大要案作成（ 5 両固定）
　　　　　　 2. 8　第 1 回SE車総合会議開催（31年 5 月30日
　　　　　　　　　　までに 7 回開催）
　　　　　　 2.18　第 1 回SE車分科会開催（31年 4 月26日まで
　　　　　　　　　　に29回開催）
　　　　　　 3. 9　第13回軽量車研究会にて共同設計メーカー追加
　　　　　　 3.22　第6回SE車分科会にて速度警報装置の方針決定

　　　　　　 3.31　「高速運転を目的とした、超軽量高性能車の試
　　　　　　　　　　作に関する研究」を昭和30年度試験研究補助
　　　　　　　　　　金対象として交付申請
　　　　　　 4. 1　特急2300形就役
　　　　　　 5.11　SE車仕様書（大要）改定
　　　　　　 9.22　SE車第 1 次モックアップ（日車蕨）
　　　　　　10. 1　キハ5000形で国鉄御殿場線乗り入れの特別準
　　　　　　　　　　急運転開始
　　　　　　10. 5　ディスクブレーキの現車試験（ 7 日まで）
　　　　　　10.10　SE車第 2 次モックアップ
　　　　　　10.27　SE車第 3 次モックアップ
昭和31(1956). 2. 1　車号改正。2000形は1900形1907～に
　　　　　　 3.31　「連接・超軽量・高性能車の部分基礎研究」
　　　　　　　　　　を昭和31年度試験研究補助金対象として交付
　　　　　　　　　　申請
　　　　　　 5. 7　SE車を 8 両固定編成に変更
　　　　　　 6.10　キハ5101就役（ 6 月 3 日の記録もある）
　　　　　　 6.13　SE車用弾性車輪の台車荷重試験（於住友金
　　　　　　　　　　属、鉄研。15日まで）
　　　　　　 6.29　SE車用弾性車輪の現車試験（小田急線、鉄
　　　　　　　　　　研。 7 月 4 日まで）
　　　　　　 7. 5　SE車用特殊警報機試験（小田急線。翌 6 日
　　　　　　　　　　も実施）
　　　　　　 7. -　キハ 3 両編成開始
　　　　　　 8.20　SE車用シールドビーム型前照灯の現車試験
　　　　　　　　　　（小田急線）
　　　　　　10.20　SE車の色彩決定（宮永画伯）
昭和32(1957). 1.13　SE車の鋼体荷重試験（於日本車輛、鉄研。
　　　　　　　　　　17日まで）
　　　　　　 4.10　SE車の台車荷重試験（於近畿車輛、鉄研）
　　　　　　 5.23　3001×8 入線（ 6 月 5 日の記録もある）
　　　　　　 6. 1　SE車の総合調整試運転および性能測定試運
　　　　　　　　　　転（ 7 月10日まで）
　　　　　　 6.20　運輸省研究所のSE車測定試験（24日まで）
　　　　　　 6.22　3001×8、3021×8 竣工
　　　　　　 6.27　SE車展示会開催
　　　　　　 7. 6　3001×8、3021×8 使用開始
　　　　　　 8. 8　3011×8 入線（ 8 月 9 日竣工）
　　　　　　 9. 3　SE車の重心測定（於経堂工場、日本車輛。
　　　　　　　　　　4 日まで）および台車上振動試験（於経堂工
　　　　　　　　　　場、鉄研。 4 日まで）
　　　　　　 9.11　SE車の線路試験（於小田急線、東大。13日
　　　　　　　　　　まで）
　　　　　　 9.16　SE車の台車静荷重試験（於経堂工場、鉄研）
　　　　　　 9.20　SE車の国鉄線試運転（東海道線藤沢－平塚
　　　　　　　　　　間、21～26日は大船－平塚間、27～28日は函
　　　　　　　　　　南－沼津間）
　　　　　　 9.25　SE車が東海道線藤沢－平塚間にて132km/h記録
　　　　　　 9.26　SE車が東海道線藤沢－平塚間にて143km/h
　　　　　　　　　　記録

	9.27	ＳＥ車が東海道線函南―沼津間にて狭軌鉄道世界最高記録145km/hを樹立
	10. 1	3011×8 使用開始
昭和33(1958).	7.20	7月19日、4021レとして運転中の3026からディスクブレーキ脱落。この日から8月7日まで3021×5両編成とする
	-. -	ＳＥ車ブルーリボン賞受賞
昭和34(1959).	2.27	3031×8 使用開始
	4. -	ダイヤ改正。特急はＳＥ車4本使用、所要67分。準特急セミクロス2本を土・日運転、料金は100円
	4. -	2300形を格下げ
	6. 1	キハ5102使用開始
	7. -	キハ5101蛍光灯化・幌取り付け
	9.19	皇太子御乗車（行きは2703レ、帰りは2014レ）
昭和35(1960).	4. -	新宿駅第一次立体化改良工事着工
昭和36(1961).	8. -	キハ5100形散水冷却装置新設
昭和37(1962).	6.28	3021×8、3031×8床置型冷房装置取り付け（定員348名→316名）
昭和38(1963).	3. 5	3100形（ＮＳＥ）試運転、最高速度135km/h
	3.13	ＮＳＥ披露（15日まで）
	3.16	3121×11使用開始
	3.21	3101×11使用開始
	3. -	新宿駅第一次工事完成
	8.30	3141×11、3161×11使用開始
昭和39(1964).	2. -	ＮＳＥ6両編成にて運転（2月17～21、24～28日、3月2～6日）
	2.17	新宿駅竣工式
	7.10	ＮＳＥブルーリボン賞授賞式
昭和41(1966).	3. -	3181×11、3201×11使用開始
	6. -	キハに国鉄ＡＴＳ取り付け
	8. -	ＳＥとＮＳＥに列車無線取り付け
昭和42(1967).	3.18	3221×11使用開始
	6.23	特急列車に定期券乗車を認める
	7. 2	ＳＥ車（3011×8）を5両化改造（ＳＳＥへ） 3001×5 42年12月6日 3011×5 42年7月2日 3021×5 43年3月19日 3031×5 43年3月7日 3041×5 42年11月23日 3051×5 43年3月29日
	10. -	ＯＭ―ＡＴＳ取り付け始まる
昭和43(1968).	3.30	3003、3023（ＳＳＥ改造の余剰車）廃止
	4. 1	ＡＴＳ使用開始。新宿～向ケ丘遊園間の特急およびＨＥ
	7. 1	国鉄御殿場線電化。直通列車をキハよりＳＳＥ5両編成に変更、キハ4両は廃車除籍および売却
昭和54(1979).	2.27	特急座席予約発売オンラインシステム導入
	3. 1	ＮＳＥの扉電動ロック使用開始

昭和55(1980).	12.27	7000形（ＬＳＥ）就役、7001×11
昭和56(1981).	7.13	新宿地下線使用開始（地上は2線）
	9.13	ＬＳＥブルーリボン賞授賞式
	12.22	7002×11使用開始
昭和57(1982).	4. 1	新宿駅第二次大改良完成
	11.20	7003×11使用開始
	12. 8	ＬＳＥを東海道線にて試験のため貸出（15日まで）
昭和58(1983).	3.30	3001×5廃車、大井川鉄道へ譲渡
昭和59(1984).	1.14	7004×11使用開始
	2. 1	「あさぎり」停車駅追加。本厚木は全列車、谷峨は2711レ 2716レ
	8. 9	3041×5 車体大修繕 3021×5 60年3月27日 3031×5 60年1月17日 3041×5 59年8月9日 3051×5 59年10月14日
	-. -	ＮＳＥ更新工事
昭和61(1986).	10. 4	ＬＳＥ車内に公衆電話（黄）設置
昭和62(1987).	3.27	3011×5廃車
	7. 1	特急車に禁煙車1～3号車設定
	12.23	10000形（ＨｉＳＥ）就役
昭和63(1988).	1.14	10021×11使用開始
	9.11	ＨｉＳＥブルーリボン賞授賞式
	10. -	ＬＳＥの黄色電話を緑電話に変更
平成1(1989).	5. -	大井川鉄道の3001×5廃車解体
	7. 4	10041×11使用開始
	7.18	10061×11使用開始
平成3(1991).	3.15	この日をもってＳＳＥの営業線定期列車運転を終了
	3.16	「あさぎり」新宿―沼津相互乗り入れ開始、20000形（ＲＳＥ）、ＪＲ東海371系使用開始、特別料金収受開始
平成4(1992).	3.31	ＳＳＥ（3000形）全車廃車、3021×5を保存
	8.29	ＲＳＥブルーリボン賞授賞式
	11.10	大野工場にＳＳＥ車モニュメント設置
平成5(1993).	3. 9	3021×5大野工場にて復元完了
	3.16	3021×5を海老名に回送、20日保管庫へ

大野工場のＳＳＥ車モニュメント

小田急ロマンスカーの夢

昭和23年(1948)に始められた小田急の特急運転も、今年(1994)で46年の歳月を経てきています。小田急のロマンスカーも発足当時、いや前史とも言うべき戦前の「温泉特急」時代は、箱根にゆったりと温泉につかりに行く、湯治のための足といった社会一般の観念でした。しかし、時代の進展とともに、特に戦後はハイキングや行楽の足という要素が加わり、さらに日本経済の高度成長とともに、快適な通勤の足・通勤特急、そして、沿線諸都市の発展・首都経済圏の拡大に伴い、沿線流動の大動脈としての要素が加わってきています。

沿線に居住する筆者としては、戦後日本経済の復興のため全体のゆるやかなレベルアップより、重点集中投資・傾斜生産方式をとった政府の施策と同様に「戦災復興電車」の看板を完全整備のなされた電車のおでこに掲出する、突出したモデルカー方式による急速なレベルアップ方式をとった小田急の歴史をもう一度見直し、一日も早く電車の混雑が緩和され、一般の急行電車もロマンスカーのような快適な環境で旅行・乗車が出来るような時代が一日も早く到達することを、心の中で希望しています。

また、新宿〜小田原間60分の安藤・山本両先輩の理想は今もって達成されていません。文中にも書きましたが、一時62分までスピードアップされながら、沿線の急速な発展に対応出来ず、複線のままで列車本数の増加を余儀なくされたために、スピードダウンしています。複々線化を会社が怠ってきたのではなく、行政の対応・バックアップがはかばかしくなかったためと、私は考えます。特に革新を旗印とした知事が、せっかく都市計画決定までした複々線計画にブレーキをかけてしまった歴史的事実は消すことは出来ません。

小田急の複々線工事は梅ヶ丘〜和泉多摩川間で進められていますが、肝心の下北沢周辺は、まだ目処がたっていません。仮に代々木上原〜和泉多摩川間の複々線が出来ても、現在・将来の輸送量を考えると、新宿から相模大野までの全区間も複々線化しないことには、新宿〜小田原間60分運転はほかの列車を相当犠牲にしない限り出来ないでしょう。また、そのころになると社会の要請が60

分で納得するか疑問です。ＪＲの各社や東武・近鉄などでは130km/h運転も計画しているとか、このままでは小田急の将来を考えると鉄道ファンとして悲観的にならざるを得ません。

　話は変わりますが、現在、都市における地下鉄道の建設は、潜り込める道路がなくなってきていること、用地買収価格が高騰していること、さらにはその用地買収も心情的あるいは商売上この土地を離れたくないという人の意見を無視出来ないことなどにより、早晩行き詰まると言われてから、もう大分たちます。都心部の地下鉄建設すら遅れがちです。外縁部の郊外住宅地はまた別の難問が山積しています。高架線にして道路と立体交差を行ないつつ線増を図ろうとすれば、建設費の低額化が図れますが、日照・騒音対策費はかなりかさみます。

　そこで、深度50mを超える地下に線路を敷くことが考えられています。と言うのは現在無限に上下に及んでいる地上権を、地下50mを超えたら私権をカットしようという法律改正が研究されているからです。これにより、地下鉄道の促進を図ろうと考えている人もいます。しかし、一口に地下50mと言いますが、これは10何階建てのビルに相当します。ホームから地上に出るのに、今のようにエスカレーターというわけにはいきません、当然エレベーター使用となります。必然的に急行・特急停車駅に限定されるでしょう。

　一方、世界をあげて鉄道のスピードアップに力を入れています。1993年の暮れにはＪＲ東日本が将来の新幹線のために試験車両ＳＴＡＲ21で413km/hの記録を出したことは、まだご記憶にあると思います。フランスでもドイツでも新線と在来線を利用しながら高速運転を行なっています。1993年に開業したフランスのＴＧＶ北線では営業線の最高速度を300km/hとしています。日本の新幹線は最高速度を275km/h（上越新幹線）としていることはご承知の通りです。

　これは鉄道が速度記録を競っているのではなく、社会が要請しているのです。もし鉄道がこれに応えられなければ、大衆は自動車か航空機にこれを求めるでしょう。

　国鉄が東海道線の線路を増設するにあたり、貼りつけ線増とするか、別線線増とするか議論された時、別線広軌案と決定したことが、今日の東海道新幹線が生まれ、その後の繁栄をもたらしたと聞いています。小田急も、東京と箱根を直結するという創業の大志の、より近代的な脱皮を図るなら、貼りつけ線増の完了を待たずに、新宿から地下50mで小田原まで別線線増し、時速200km/hか300km/hで走ったら20分位で小田原に着いてしまいます。現在、各駅停車の電車では途中東北沢で待避するので、新宿発車後20分ではやっと経堂です。急行でも向ヶ丘遊園くらいです。それが小田原に着いてしまったら、どんなに便利でしょう。

　私鉄と新幹線とは全然別の鉄道であり、別のシステムで、私鉄ごときが手を出せるものではない、という硬直した頭の持ち主がいることも事実です。しかし、小田急新幹線が出来たら、安藤・山本の60分運転案などすっ飛んでしまいます。全線トンネルなら近隣騒音の苦情もないし、車両は飛行機なみに気密性を高くすれば車内は快適でしょう。途中、町田か本厚木に止めて在来線との接続を図ってもいいでしょう。それにしても在来線の線形をなぞらなくてもよいから、83kmよりも短く70kmぐらいになるでしょう。

　ただ経営者にとっては資金の調達と採算性から夢物語でしょう。しかし創業者・利光鶴松翁が83kmを一気に複線で敷いた時はどうだったのでしょう。当時の常識で考えれば気違い沙汰だったに違いありません。

　鉄道ファンにとっては、特に小田急の永遠の発展を願うファンにとっては、このくらいの夢物語を広げることもたまには良いと思ってあえて書きました。速く快適なロマンスカーの将来を夢で見ましょう。ただ我々鉄道ファンにとって、ただひとつ、しかし重大な欠点は全線地下になると列車写真が撮れなくなることです。

　閑話休題　小田急のロマンスカーも3100形ＮＳＥがそろそろ世代交代の時機にきて、新しい特急車の計画もあるとか聞いています。登場の度に話題の的となる小田急ロマンスカーの永遠の発展を願いつつ筆をおきます。

あとがき

　1948年（昭和23年）新生小田急が「はこねロマンスカー」を走らせてから、もう50年近い歳月が経過しています。

　最初は２両編成の電車が休日・休前日に１〜２往復するささやかな運転だったのが、現在では毎日100本以上の特急が小田原線・江ノ島線・御殿場線に走っており、シーズンの特定の日には多摩線にも特急が走るという盛況ぶりで、もはや特別な一部の旅客のための列車ではなく、一般の旅客が行楽に、通勤に、業務に、買い物に使用する座席が確保された列車として愛用されています。

　一方、車両はその時代の最先端の技術を駆使して、最も安全で快適な空間を旅客に提供しています。そのため1957年にＳＥ3000形が第１回ブルーリボン賞を受賞したのを皮切りに、以後製作されたすべてのロマンスカーがブルーリボン賞を受賞するという、我が国鉄道界唯一の輝かしい記録を持っています。

　ロマンスカーといえば小田急の特急の代名詞ともなった歴代のロマンスカーの全貌を、諸河久さんの美しい写真と共に皆様に見ていただく機会を持てたことを大変うれしく思っております。刊行にあたり、小田急電鉄をはじめとし、故・高田隆雄氏など多くの方々の御協力があったことをお伝えし、ここに改めて御礼申し上げます。

1994年初夏　生方良雄

◆著者プロフィール◆

生方　良雄 （うぶかた　よしお）

1925年生まれ。
日本大学理工学部卒業。東京急行に入社後会社分離により小田急電鉄に勤務、車両部長、運輸部長、運輸計画部長、箱根ロープウエイ(株)専務取締役を歴任。現在小田急電鉄事業団理事のほか鉄道友の会評議員等。
《著書》カラーブックス『小田急』(共著・保育社)。『鉄道と街・新宿駅』(共著・大正出版)

諸河　久 （もろかわ　ひさし）

1947年生まれ。
日本大学経済学部、東京写真専門学校卒業。鉄道雑誌社勤務を経て、鉄道・乗り物の分野のフリー・カメラマンとして活躍中。
日本写真家協会、日本鉄道写真作家協会々員。
《著書》カラーブックス『ブルートレイン』『阪急』『鉄道写真入門』『消防自動車』のほか、『国鉄の車両』『私鉄の車両』『国鉄の旅』『ＪＲの特急列車Ⅰ.Ⅱ.Ⅲ』(以上共著・保育社)。写真集『オリエント・エクスプレス』(保育社)。『消えゆくローカル線』(桐原書店)、『消防自動車』(エリエイ出版)など多数。

小田急ロマンスカー物語

2017年9月20日　復刻版初版発行
著　者　生方良雄／諸河久　発行者　左田野渉　発行所　株式会社復刊ドットコム
〒105-0012　東京都港区芝大門2-2-1　ユニゾ芝大門二丁目ビル　　03-6800-4460(代)
印　刷　図書印刷株式会社

Ⓒ 生方　良雄／諸河　久　2017
ISBN 978-4-8354-5520-4　C0065
Printed in Japan

乱丁・落丁本はお取替えいたします。
本書の無断複製（コピー）は著作権法上での例外を除き、禁じられています。
定価はカバーに表示してあります。

※本書は1994年に保育社から発行された『小田急ロマンスカー物語』を底本に、新装版として復刊するものです。
※収録された内容は初版刊行当時（1994年）のものです。